ECHT EINZIGARTIG

Rahel und Tim Dyck • Kathrin Gottschick

ECHT EINZIGARTIG

Rahel und Tim Dyck • Kathrin Gottschick

Familienandachten
zum Staunen und Entdecken

neukirchener verlag

Für unsere Kinder

Marietta, Amadeus und Ferdinand
Thea, Nathanael und Hanna
William, Helene und Frida

Für ....

und die vielen anderen tollen Kinder auf dieser Welt:

Schön, dass es euch gibt!

INHALT

INHALT

Echt einzigartig: Dein Gehirn

Echt einzigartig: Dein Körper

HALLO...

... und herzlich willkommen in eurem neuen Buch!

Wir freuen uns, dass ihr mit uns auf diese spannende Entdeckungsreise geht. Wir haben beim Schreiben der einzelnen Familienzeiten immer wieder gestaunt, wie einzigartig wir gemacht sind. Und wir hoffen natürlich, dass es euch beim Lesen genauso geht. Zusammen werdet ihr **ganz viele eurer Superkräfte entdecken** und ausprobieren. Wir Menschen sind wirklich Superhelden!

Aber wisst ihr, wer der allergrößte Superheld ist? Das ist Gott. Wir glauben, dass er dich, deine Mama, deinen Papa und deine Geschwister genau so gemacht hat, wie ihr seid. Genau so seid ihr richtig! **Und genau so, wie ihr seid, hat Gott euch lieb.**

Wisst ihr auch, dass ihr zusammen ein richtig starkes Team seid? Wir wünschen uns, dass ihr das entdeckt, während ihr in diesem Buch lest. Und jetzt macht es euch gemütlich und los geht's!

Viel Spaß dabei wünschen euch
Kathrin, Tim, Rahel und Karin

LIEBE ELTERN!

Erst mal ein großes Kompliment dafür, dass ihr euch Zeit nehmen wollt für Familienandachten oder Familienzeiten. **Zeit ist kostbar** – das wissen wohl vor allem wir Eltern von jüngeren Kindern ... Aber gemeinsame Zeit ist eben auch in dem Sinne kostbar, dass sie uns als Familie zusammenbringt und stark macht. In den ersten Lebensjahren unserer Kinder gibt es wenig, das prägender ist als positive Erlebnisse mit Mama und Papa – auch in Bezug auf Lernen und Wissen.

In diesem Buch wollen wir darüber staunen, welche Fähigkeiten uns Menschen geschenkt wurden. Wir greifen immer wieder interessante Fakten und Details auf und vielleicht wollt ihr – je nach Alter eurer Kinder – in anderen Büchern, im Internet oder in Lexika **weiter zu manchen Themen forschen.** Damit vermittelt ihr ihnen zum einen das Wissen, zum anderen aber auch – und das finden wir persönlich noch wichtiger – die Liebe zum Forschen und Sammeln von Wissen.

Neben der reinen Faktenvermittlung ist uns die Herzensbildung unserer Kinder ein wichtiges Anliegen. Deshalb haben wir auch etliche **emotionale Fähigkeiten** thematisiert. Alle Intelligenz und alles Wissen helfen nicht viel, wenn unsere Kinder sozial und emotional nicht genauso fit sind. Und auch da schauen die Kinder bei uns ab: Wenn sie merken, dass wir über unsere Gefühle reden können – über das, was uns freut, aber auch über Enttäuschungen, Misserfolge und Ängste –, dann fällt es auch ihnen leichter, diese Gefühle in sich wahrzunehmen und anzusprechen. Wir glauben, das ist der erste und wichtigste Schritt dahin, sich selbst und andere anzunehmen und eine gewisse „Lebensfähigkeit" zu entwickeln.

Das dritte große Thema unserer Einheiten ist der Glaube. Uns ist es wichtig, unseren Kindern den **Glauben an einen Gott** nahezubringen, **der uns Menschen liebt** und an einer persönlichen Beziehung mit uns interessiert ist. Wir glauben, dass wir und unsere Kinder mit einer solchen Gottesbeziehung ein freies und glückliches Leben führen können. Deshalb findet sich in jeder Einheit ein Bezug auf Gott.

Wir glauben aber auch, dass es unseren und euren Kindern und auch euch selbst freisteht, zu entscheiden, ob und wie man eine solche Gottesbeziehung gestalten möchte. Deshalb haben wir uns bemüht, diese Hinweise auf Gott als Einladung und Angebot zu formulieren. Fühlt euch frei, **auszuprobieren, was zu euch passt.** Manchen gehen einzelne Vorschläge vielleicht zu weit, andere werden die Gespräche mit ihren Kindern zu diesem Thema noch vertiefen.

Nun möchten wir euch gerne noch ein paar ganz praktische Anregungen mitgeben. Auch hier gilt: Gestaltet eure Familienzeiten so, dass sie zu euch passen!

WIE?

Dieses Buch soll ein Hilfsmittel für euch sein, um euren Kindern Zeit und Aufmerksamkeit zu schenken. Dazu gehört auf jeden Fall auch körperliche Zuneigung! Die kann man sehr gut mit so einer Familienandacht oder -zeit verbinden. **Macht es euch zusammen gemütlich.** Kuschelt euch zum Lesen und Reden zusammen aufs Sofa oder ein Bett. Dieses Buch ist mehr als ein klassisches Vorlesebuch: Auf den liebevoll gestalteten Themenseiten gibt es viel zu entdecken. Deshalb ist es gut, wenn alle ins Buch schauen können.

Für uns ist es immer eine große Hilfe, **alle elektronischen Geräte wegzulegen** und die Handys auf stumm zu schalten. Wir wünschen uns, dass diese Zeit uns und unseren Kindern gehört, und möchten ihnen ungeteilte Aufmerksamkeit schenken.

Es ist immer gut, **ohne Druck** und zu hohe Erwartungen an solche Familienzeiten heranzugehen. Irgendwas ist immer – das ist ganz normal. Genießen wir einfach die Zeit miteinander, so wie mit guten Freunden. Manchmal kann es guttun, vorher ein wenig Zeit für sich alleine einzuplanen und runterzukommen, wenn gerade viel Stress ist. Schließlich sollen die Familienzeiten nicht ein weiterer Punkt auf unserer To-do-Liste sein, den wir abhaken. Unsere Erfahrung ist: Die Kinder spüren und absorbieren Stress und stressen dann noch mehr. Davon hat keiner was.

Je nach Temperament und Alter kann man auch mit einer **gemeinsamen Tobezeit** starten. Das ist super zum Stressabbauen. Dann sollte man allerdings anschließend bewusst einen **ruhigen Übergang zur Lesezeit** einplanen und gemeinsam ein Lied singen, eine Obstrunde einlegen oder etwas Ruhiges spielen.

Wenn Fragen gestellt werden, gebt **zuerst den Kindern** Gelegenheit, sie zu beantworten. Aber dann ist es wichtig, dass auch wir selbst offen und ehrlich antworten. So schaffen wir eine **vertrauensvolle Atmosphäre und Nähe** und sind den Kindern ein gutes Vorbild für den Umgang mit verschiedenen Themen.

Ihr könnt unsere interaktiven Vorschläge auf den Seiten nutzen, um das Thema ganzheitlich zu erleben. Erlebnisse sind oft noch eindrücklicher als Gespräche. Aber: Es sind nur Vorschläge. Wenn ihr eine bessere Idee habt, setzt diese um. Vielleicht habt ihr manchmal erst mal nicht so viel Lust auf eine Aktion oder ein Gespräch über ein bestimmtes Thema. Das ist okay. Sucht aus, was zu euch passt und was nicht. Überlegt, wo ihr vielleicht mal bei einer Aktion über euren Schatten springen wollt. Wir hoffen, dass euch die große Freude eurer Kinder entlohnt – und vor allem die Tatsache, dass **eure Beziehungen in der Familie** dadurch intensiver und schöner werden.

Wir haben uns bemüht, den praktischen Teil so unkompliziert wie möglich zu gestalten. Trotzdem braucht ihr für manche Themen bestimmte Materialien. Wenn ihr euch vorher unsere Vorschläge durchlest, wisst ihr, ob eine Vorbereitung nötig ist oder ihr etwas Spezielles braucht.

WANN?

Wir haben gute Erfahrungen damit gemacht, **einen Nachmittag in der Woche** für die „Verabredung" mit unseren Kindern zu blocken. Das ist kein ehernes Gesetz, aber wir versuchen alle, es möglich zu machen. Wenn ihr einmal pro Woche so eine Verabredung einplant, kommt ihr mit dem Buch ungefähr einmal durchs Jahr (inklusive ein paar Ferien). Unsere Familien-Verabredungen sind nachmittags, aber es kann bei euch natürlich genauso gut ein Vormittag oder früher Abend sein (nur mit müden Kindern wird es schwierig ...). Wir haben festgestellt, dass es sich lohnt, **„gute" Termine** zu nehmen, an denen man auch vieles andere machen könnte, und nicht nur die Restzeiten.

Wenn wir jetzt keine Beziehung zu den Kindern aufbauen, werden wir es später kaum noch schaffen oder zumindest viel mehr Zeit und Mühe brauchen. Jetzt wollen die Kinder Zeit mit uns verbringen, jetzt wollen sie von uns lernen und geliebt werden. Wenn sie jetzt merken: **Meine Eltern hören mir zu,** ich kann mit ihnen über alles reden, was mir wichtig ist, dann erzählen sie uns hoffentlich auch alles Wichtige, jetzt und später.

Eure Bilder und Erlebnisse könnt ihr gern unter dem Hashtag **#echt-einzigartig** mit uns und anderen teilen. Und wir würden uns freuen, von euch zu hören, was euch gutgetan und gefallen hat, aber natürlich auch, was wir beim nächsten Mal besser machen können! Schreibt uns unter **redaktion@neukirchener-verlage.de**

#echteinzigartig

redaktion@neukirchener-verlage.de

ECHT EINZIGARTIG
KURZANLEITUNG

MO DI MI DO FR SA SO
MO DI MI DO FR SA SO
MO DI MI DO FR SA SO
MO DI MI DO FR SA SO

Qualitätszeit

Bastelsachen ✓

Knabberzeug ✓

Kuscheldecke ✓

Getränke ✓

Gute Planung

Stressfaktoren meiden

Gemütlich & entspannt

VIEL FREUDE!

DANN NAHM JESUS

DIE KINDER IN SEINE

ARME, LEGTE IHNEN

DIE HÄNDE AUF UND

SEGNETE SIE.

MARKUS 10,16

ECHT EINZIGARTIG

DEINE FÜNF SINNE

SCHMECKEN

Eines unserer interessantesten Körperteile ist die Zunge. Wir nutzen sie zum Reden, aber auch zum Schmecken. Der Geschmackssinn ist etwas Tolles. Ich sag nur: Erdbeerkuchen mit Schlagsahne!

Gott hat diesen Sinn geschaffen, damit wir uns über die Vielfalt auf der Erde freuen können. Unser ganzes Leben lang können wir neue spannende Geschmacksrichtungen entdecken und sogar eigene Kombinationen kreieren – hast du schon mal Nutella mit Gouda probiert?

Aber der Geschmackssinn hat auch die Aufgabe, uns zu schützen. Die Zunge ist nämlich die Magenpolizei. Alles, was in den Magen will, muss an ihr vorbei. Sie ist der beweglichste Muskel im Körper und betastet jeden Bissen. Dabei schmeckt sie, ob er geschluckt oder doch besser ausgespuckt werden sollte, weil er nicht gesund wäre.

Schätzt mal, wie viele Geschmacksknospen ihr auf der Zunge habt. Wenn wir geboren werden, haben wir ungefähr 11 000 Geschmacksknospen. Wenn wir 70 Jahre alt sind nur noch 3 000. Je älter wir werden, desto weniger werden es. Bitteres schmeckt dann zum Beispiel nicht mehr so bitter. Vielleicht mögen Kinder deshalb anderes Essen lieber als Erwachsene?

Gott hat ganz viele schöne und leckere Speisen geschaffen. Sie können uns daran erinnern, wie gut Gott ist und wie lieb er uns hat. Wenn du das nächste Mal dein Lieblingsessen genießt, denke daran, dass es eine Liebesbotschaft von Gott an dich ist!

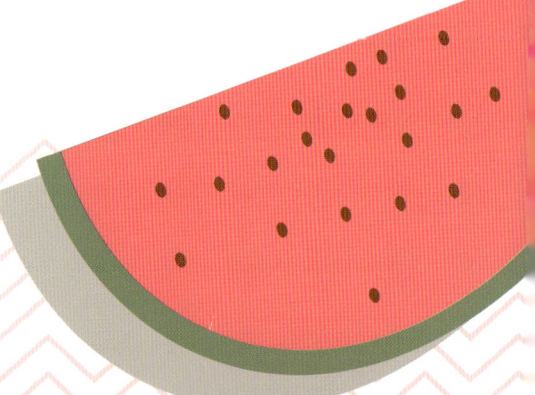

GESCHMACKSKNOSPE

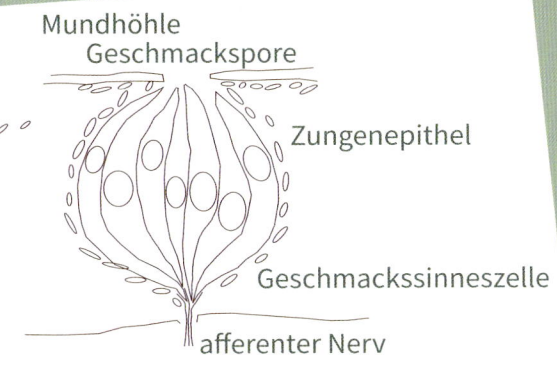

Mundhöhle
Geschmackspore
Zungenepithel
Geschmackssinneszelle
afferenter Nerv

DIE ZUNGE

salzig

sauer

bitter

süß

INTERAKTIV

*   Wie viele Geschmacksrichtungen fallen euch ein? Wusstet ihr, dass es mehr als vier gibt? Wenn euch interessiert, welche das sind, macht euch schlau im Internet oder Lexikon.

*   Überlegt euch ein Nahrungsmittel, dessen Geschmack ihr nicht kennt, und probiert es.

*   Bereitet zusammen einen Obstsalat zu. Bevor ihr euch den ersten Bissen schmecken lasst, schließt die Augen. Versucht nur mit der Zunge herauszufinden, was ihr gerade im Mund habt. Schmeckt und befühlt jeden einzelnen Bissen und staunt darüber, was eure Zunge alles kann.

SCHMECKT UND SEHT,
WIE FREUNDLICH DER HERR IST.

PSALM 34,9 LUT

SEHEN

„Ich sehe was, was du nicht siehst, und das ist blau." Das ist ein lustiges Spiel, das ihr bestimmt auch kennt. Einer denkt an einen Gegenstand, den er in der Umgebung sieht. Die anderen müssen dann raten, welcher es ist. Besonders bei langen Wartezeiten (zum Beispiel beim Kinderarzt) müsst ihr das unbedingt mal ausprobieren.

Mit dem Sehen kann man sich aber nicht nur Langeweile vertreiben. Das Sehen ist unser wichtigster Sinn. Mit keinem anderen Sinnesorgan können wir so schnell so viele Informationen aufnehmen. Wenn du zum Beispiel ein Zimmer betrittst, das du nicht kennst, weißt du innerhalb weniger Sekunden, wer oder was sich alles in diesem Zimmer befindet. Über eine blitzschnelle Nerven-Autobahn gibt dein Auge die Infos an dein Gehirn weiter.

Mit dem Auge hat Gott sich ein super ausgeklügeltes System ausgedacht. Wir können Farben, Formen und vieles mehr sehen. Und das, obwohl das Auge ja eigentlich ganz schön klein ist im Vergleich zum restlichen Körper. Klar, dass der Erfinder des Auges auch selbst sehen kann. Und zwar uns. Er sieht, wenn es uns gut und wenn es uns nicht so gut geht, und lässt uns niemals allein.

DAS AUGE

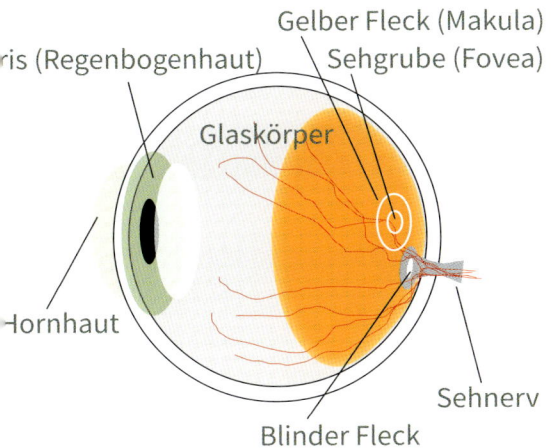

Gelber Fleck (Makula)
Sehgrube (Fovea)
Iris (Regenbogenhaut)
Glaskörper
Hornhaut
Sehnerv
Blinder Fleck

SEHTEST

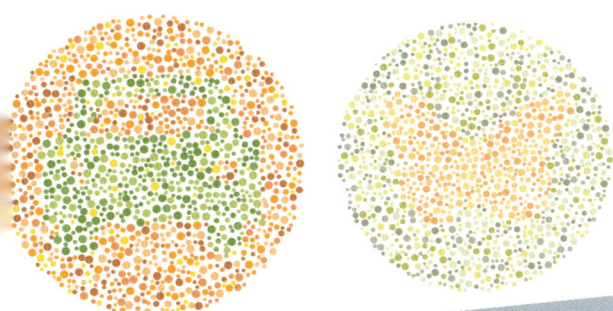

INTERAKTIV

* Messt einen gehäuften Teelöffel Reis ab (7,5 g). So leicht ist das Auge.

* Schaut euch in die Augen. Wer von euch hat welche Augenfarbe? Wer hat die größten Augen? Wer die längsten Wimpern? Und wer kann am längsten dem anderen in die Augen sehen, ohne zu blinzeln?

* Versucht verschiedene Gesichtsausdrücke nachzumachen (Freude, Trauer, Angst, Erstaunen, Unsicherheit etc.). Könnt ihr sehen, was die Gesichter ausdrücken sollen?

* Woran merken wir, dass Gott uns sieht?

KANN DER, DER EUCH DIE AUGEN GAB, BLIND SEIN?

PSALM 94.9B NLB

RIECHEN

Stell dir vor, du kommst nach Hause und Papa hat einen Apfelkuchen gebacken. Wahrscheinlich gehst du direkt in die Küche, sobald du zur Haustür reingekommen bist. Deine Nase zeigt dir, wo du lang musst. Ganz schön praktisch! Dein Geruchssinn warnt dich aber auch vor Gefahren – zum Beispiel vor einem stinkenden Hundehaufen auf dem Weg.

Wenn etwas gut riecht, freuen wir uns darüber. Wissenschaftler haben herausgefunden, dass wir Menschen oder Orte oft besonders gernhaben, wenn uns ihr Geruch gefällt. Manchmal kommen schöne Erinnerungen zurück, wenn wir etwas Bestimmtes riechen. Vielleicht denkst du bei Popcornduft an einen tollen Kinonachmittag mit Mama oder Papa?

Gute Gerüche erinnern uns an schöne Erlebnisse oder liebe Menschen. Genauso sollen wir andere Menschen an Gott, unseren Vater im Himmel, erinnern. Wenn wir Menschen helfen, freundlich zu ihnen sind oder sie trösten, wenn sie traurig sind, dann erinnern wir sie daran:

Es gibt einen Vater im Himmel, der dich lieb hat.

Und darüber kann man sich noch mehr freuen

als über leckeren Popcornduft!

DIE NASE

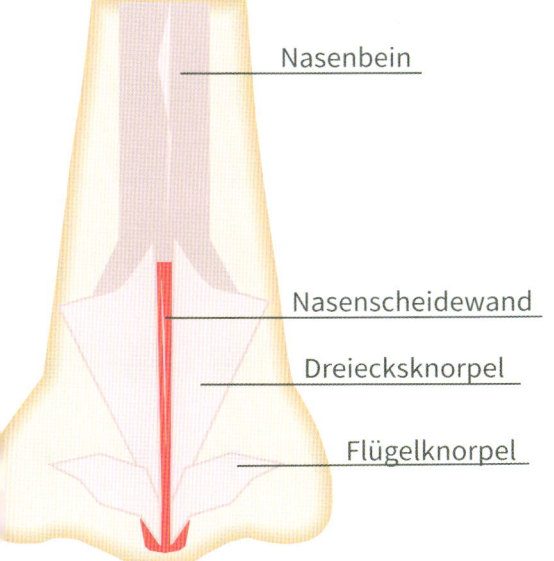

Nasenbein

Nasenscheidewand

Dreiecksknorpel

Flügelknorpel

INTERAKTIV

*
Was könnte alles mit einem „Wohlgeruch von Christus" gemeint sein? Mit welchem Verhalten könnt ihr anderen eine Freude machen?

*
Schaut euch aufmerksam um in eurem Haus. Bringt eurem rechten Sitznachbarn einen Gegenstand, dessen Geruch ihr oder ihm gefallen könnte. Woran erinnern euch die Gerüche?

*
Geht zusammen in eure Küche. Öffnet verschiedene Gewürzdosen oder andere stark riechende Lebensmittel und schnuppert daran. Sprecht darüber.

UNSEREM GANZEN LEBEN HAFTET DER WOHLGERUCH VON CHRISTUS AN; UND DAMIT LOBEN WIR GOTT.

2. KORINTHER 2.15A NLB

FÜHLEN

Schließt einmal die Augen und stellt euch Folgendes vor: Du gehst am Strand spazieren. Du bist barfuß. Der Sand unter deinen Füßen fühlt sich ganz fein und warm an. Du gehst etwas näher zum Wasser. Hier ist der Sand ganz fest und feucht. Ab und zu spürst du unter deinen Füßen eine harte Muschel. Eine Welle schwappt über deine Zehen und verschwindet wieder im Meer. Auf deinen nackten Armen fühlst du die warmen Sonnenstrahlen. Ein kleiner Luftzug weht dir durchs Gesicht und bringt Abkühlung.

Jetzt könnt ihr die Augen wieder öffnen. Das hat sich schön angefühlt, oder? Am ganzen Körper kann unsere Haut angenehme Berührungen spüren. Wir können aber auch Dinge fühlen, die uns nicht gefallen. Kratzige Socken zum Beispiel oder einen Sonnenbrand und erst recht Schläge.

Unsere Haut kann aber noch viel mehr als nur fühlen: Sie hält unseren Körper zusammen, schützt uns vor Austrocknung und Überhitzung und ist wie eine Mauer gegen Schmutz und Keime. Das ist ganz schön anstrengend für die Haut. Deshalb besteht sie aus vielen einzelnen Zellen in unterschiedlichen Schichten. In der untersten Schicht wird ständig Nachschub gebildet, der die alten und abgestorbenen Zellen ersetzt. Alle 27 Tage wird deine Haut einmal komplett erneuert. Gott können wir zwar nicht körperlich spüren wie die Sonne oder Kleidung auf unserer Haut. Aber wir dürfen uns bei ihm geborgen fühlen wie bei Mama oder Papa auf dem Schoß.

JESAJA 66,12B

IN DIESER STADT

WERDET IHR EUCH WIE

KINDER FÜHLEN, DIE IHRE

MUTTER AUF DEN ARMEN

TRÄGT, AUF DEN SCHOß NIMMT UND LIEBKOST.

* Welche Berührungen auf eurer Haut sind euch unangenehm? Welche mögt ihr besonders gerne? Unterhaltet euch darüber.

* Malt euch gegenseitig mit dem Finger etwas auf den Rücken. Könnt ihr erraten, was gemalt wurde?

* Gibt es in eurer Nähe einen Barfußpfad? Vielleicht wollt ihr einen Ausflug dorthin machen. Oder ihr baut euch zu Hause selbst einen Parcours, in dem eure Füße ganz unterschiedliche Dinge spüren können.

HÖREN

Mit unseren Ohren können wir unglaublich viele verschiedene Töne hören. Den Papa, der nachts laut schnarcht. Oder die Mama, die uns zum Essen ruft. Das Gehör hilft uns aber auch, uns zu orientieren. Nicht umsonst hat Gott uns ja zwei Ohren geschenkt. Ein Ton, der von links kommt, erreicht das linke Ohr ein ganz klein wenig früher als das rechte Ohr. Das reicht, damit unser Gehirn blitzschnell orten kann, aus welcher Richtung das Geräusch kommt, und wir zum Beispiel wissen, ob und aus welcher Richtung ein Auto kommt und wir deshalb lieber vor dem Zebrastreifen warten sollten.

Aber stell dir mal vor, alle Kinder in deiner Schulklasse oder deiner Kindergartengruppe reden laut durcheinander. Kannst du dann noch verstehen, was deine Erzieher oder die Lehrerin sagen? Keine Chance. Dann hörst du zwar eine Menge, aber nicht das, was wichtig ist.

Auch Gott möchte uns manchmal wichtige Dinge sagen. Zum Beispiel, dass er uns liebt. Oder was gut und was nicht gut für uns ist. Alles, was Gott uns sagen möchte, können wir in der Bibel lesen. Wenn wir Freunde von Gott sind, ist aber auch sein Heiliger Geist wie eine innere Stimme für uns, die uns sagt, was Gott möchte. Wir können lernen, auf diese Stimme zu achten.

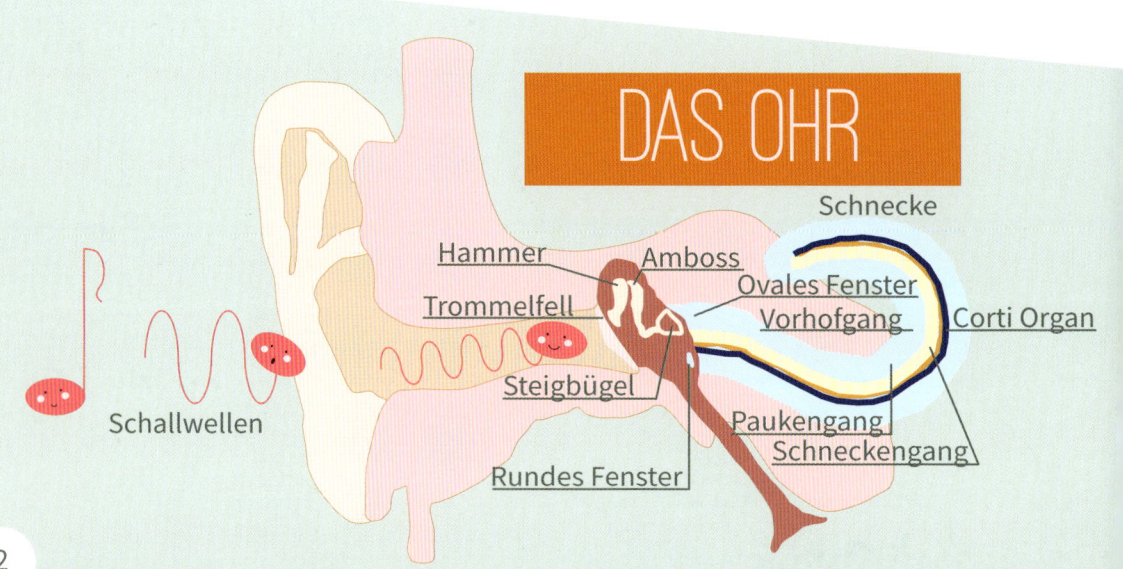

DAS OHR

Schnecke

Hammer — Amboss

Trommelfell — Ovales Fenster

Vorhofgang — Corti Organ

Steigbügel

Paukengang

Schneckengang

Schallwellen

Rundes Fenster

*
Welche Dinge müssen euch eure Eltern ein paar Mal sagen, bis ihr endlich hört? Wann fällt es euch leicht zu hören und wann schwer?

*
Ihr könnt auch als Familie gemeinsam zu Gott beten. Vielleicht kennt ihr das „Vater Unser"-Gebet? Gott hat versprochen immer zuzuhören, wenn wir zu ihm sprechen.

*
Schaltet einmal ganz laut Musik an oder macht selbst viel Lärm. Dann dürfen zwei von euch versuchen sich zu unterhalten. Wie viel habt ihr vom anderen verstanden?

*
Was ist der stillste Ort in eurer Nähe? Vielleicht der Keller oder eine Waldlichtung? Geht gemeinsam dorthin und lauscht genau, ob und was ihr trotz der Ruhe alles hören könnt.

HÖRT GENAU AUF DAS, WAS ICH EUCH SAGE.   MATTHÄUS 11.15

ECHT EINZIGARTIG

DEINE BEWEGUNGEN

RENNEN

Wusstest du, dass selbst der allerschnellste Mensch der Welt gegen die schnellsten Tiere keine Chance hätte? Ein Gepard zum Beispiel schafft es auf 120 Kilometer pro Stunde. So schnell wie Autos auf der Autobahn! Ein Vogel, nämlich der Wanderfalke, ist im Sturzflug sogar fast so schnell wie ein Formel-1-Rennwagen. Selbst eine Kakerlake kann locker mithalten, wenn du gehst: Sie schafft 5 Kilometer pro Stunde. Und auch wenn du richtig schnell rennst, kann ein Leguan, also eine Riesenechse, dich überholen.

Bestimmt bist du schon mal mit anderen Kindern um die Wette gelaufen. Manche Kinder sind immer bei den Ersten, andere können nicht ganz so schnell rennen. Aber Hauptsache man kommt ans Ziel! Unser Leben kann man auch mit so einem Rennen vergleichen. Es beginnt mit unserer Geburt und endet mit unserem Tod. Und es gibt sogar einen Siegespreis für die Läufer: Der Preis ist, dass wir für immer bei Gott sein dürfen. Dort wird das Leben noch viel großartiger sein, als wir uns vorstellen können. Gott verspricht uns, dass wir diesen Preis bekommen werden, wenn wir ihm vertrauen.

MIT ALLER KRAFT LAUFE ICH DARAUF ZU, UM DEN SIEGESPREIS ZU GEWINNEN, DAS LEBEN IN GOTTES HERRLICHKEIT.

INTERAKTIV

*
Hast du schon mal einen Preis bekommen? Erzähle den anderen davon.

*
Habt ihr Lust, ein Murmel-Rennen zu veranstalten? Baut euch im Sandkasten oder auf einem Wiesenhügel eine Rennbahn und lasst die Murmeln hinunterflitzen. Welche ist die schnellste?

*
Schnelligkeit ist nicht immer wichtig, Hauptsache man kommt ans Ziel. Vielleicht wollt ihr in den nächsten Tagen eine Wanderung zu einem besonders lohnenswerten Ziel machen, zum Beispiel zu eurer Lieblingseisdiele, und den „Preis" am Ziel genießen.

DENN DAZU HAT UNS GOTT DURCH JESUS CHRISTUS BERUFEN.

PHILIPPER 3,14

SPRINGEN

Weißt du, was ein Hindernislauf ist? Dabei müssen Sportler eine Strecke laufen und beim Laufen mehrere Hindernisse überspringen. Das sind breite Balken, die im Weg stehen. Am Ende müssen sie sogar noch über einen Wassergraben springen. Wer als Erster im Ziel ist, hat gewonnen – aber wenn man ein Hindernis herunterreißt oder im Wasser landet, verliert man Zeit.

Wusstet ihr, dass es auch für Zwergkaninchen ein Hindernisrennen gibt? „Kanin-Hop" nennt man diesen Sport. Das Hauskaninchen wird dabei von seinem Besitzer an einer Leine geführt und muss eine Strecke mit verschiedenen Hindernissen bewältigen. Das sieht ziemlich lustig aus. Und am Ende gibt es natürlich eine Möhre oder andere Leckereien als Belohnung. Viele Tiere können viel höher und weiter springen als Menschen. Zum Beispiel der Floh. Wenn der Mensch die Sprungkraft eines Flohs hätte, könnte er 90 Meter weit und 50 Meter hoch springen.

Hindernisse, die man überspringen muss, gibt es aber nicht nur im Sport. Manchmal können uns Probleme wie große Mauern vorkommen, die wir überwinden müssen: wenn wir Angst vor etwas haben oder krank werden zum Beispiel. Oft haben wir nicht genug Kraft, um über diese „Mauern" zu springen. Zum Glück können wir dann Gott um Hilfe bitten! Er hilft uns gerne, mit unseren Problemen fertigzuwerden. Er schenkt uns Ausdauer, Mut, Kraft und gute Ideen.

* Kennt ihr „Mauern" in eurem Leben? Sprecht auch darüber, wie ihr sie gemeinsam als Familie mit Gott überwinden könnt.

* Veranstaltet im Wohnzimmer oder auf einer Wiese ein Wettspringen. Messt mit einem Maßband, wie weit jeder von euch springen kann.

* Macht einen kleinen „Mauer"-Spaziergang: Lauft durch den Wald oder einen Park und versucht, Hindernisse oder kleine Wassergräben gemeinsam zu überwinden.

MIT DIR, KANN ICH SPRINGEN.

MEIN GOTT, ÜBER MAUERN

PSALM 18.30B

SCHWIMMEN

Woran denkst du beim Wort „schwimmen"? Dass du in einem tollen Schwimmbad herumtobst, rutschst und plantschst? Oder gehst du regelmäßig in einen Schwimmverein und Schwimmen ist für dich Sport? Für einige Menschen gehört das Schwimmen sogar zu ihrem Beruf. Rettungsschwimmer zum Beispiel, Bademeister, Kampfschwimmer oder auch Taucher. Doch kein Mensch kommt als Schwimmer auf die Welt. Schwimmen müssen wir genauso lernen wie schreiben oder lesen. Viele Kinder gehen dazu in einen Schwimmkurs. Wenn sie es schaffen, 25 Meter ohne Hilfen zu schwimmen, vom Beckenrand ins Wasser zu springen und mit den Händen einen Gegenstand aus schultertiefem Wasser zu holen, bekommen sie das Seepferdchen-Abzeichen.

Wenn wir schwimmen, drücken wir mit unserer Muskelkraft das Wasser in eine Richtung. Unser Körper gleitet dann in die entgegengesetzte Richtung. Die Menschen haben dazu verschiedene Techniken wie Brustschwimmen, Kraul oder Schmetterling entwickelt. Im Gegensatz zu uns Menschen können viele Säugetiere von Geburt an schwimmen. Man kann also in der Natur auch schon mal auf ein schwimmendes Wildschwein treffen. Doch bei allen schwimmenden Säugetieren lässt irgendwann die Kraft nach. Weil Gott das weiß, hat er einmal einen Mann namens Noah beauftragt, ein riesiges Schiff zu bauen, die Arche Noah. Dort konnten Tiere und Menschen überleben, denn auf der Erde gab es eine Super-Überschwemmung. Wie gut, dass Gott unsere Fähigkeiten, aber auch unsere Begrenzungen kennt. Und dass ihm an uns Menschen so viel liegt!

INTERAKTIV

*

Wer von euch ist eine Wasser-ratte, wer ist eher wasserscheu? Hüpft ihr am liebsten in jeden noch so kleinen See? Oder prüft ihr erst einmal vorsichtig mit dem gro-ßen Zeh, ob das Badewasser auch warm genug ist? Unterhaltet euch darüber.

*

Lest gemeinsam die Geschichte von der Arche Noah in einer Kinder-bibel.

*

Vielleicht wollt ihr zusammen einen Schwimmbad-Ausflug unter-nehmen?

NOAH UND SEINE FRAU, SEINE SÖHNE UND SCHWIEGERTÖCHTER GINGEN IN DAS SCHIFF, UM SICH VOR DEN WASSERMASSEN IN SICHERHEIT ZU BRINGEN. 1. MOSE 7,7

TANZEN

Hast du schon mal irgendwo richtige Balletttänzer gesehen? Wenn sie tanzen, sieht es so aus, als wäre Tanzen das Einfachste auf der Welt. Dabei haben die Tänzer ihr ganzes Leben lang sehr hart dafür trainiert! Tanzen macht zwar richtig Spaß, aber es ist auch anstrengend für unseren Körper: Die Muskeln sind gefordert, man muss die Beine richtig bewegen und dabei auch noch das Gleichgewicht halten. Wenn wir tanzen, können wir unsere Gefühle mit unserem ganzen Körper ausdrücken.

In der Bibel wird uns von David erzählt. Der hat genau das gemacht und seine Freude über Gott einfach mal getanzt:

David war König von Israel. Als er noch fast ein Kind war, hatte er einmal gegen den Riesen Goliath gekämpft. Kennt ihr die Geschichte? Jetzt war David erwachsen und König von Israel geworden.

Israel hatte einen ganz besonderen Schatz. Es war eine große Truhe, die „Bundeslade" hieß. Diese Bundeslade war den Leuten in Israel heilig, denn sie erinnerte sie daran, dass Gott bei ihnen war. Jetzt sollte dieser Schatz, die Bundeslade, endlich einen würdigen Platz in der Hauptstadt Jerusalem bekommen. Es gab ein großes Fest mit Musik und Tanz und leckerem Essen. Dann wurde die Bundeslade feierlich in die Stadt getragen. Die Leute jubelten und spielten Posaunen. Und David, der König, tanzte vorneweg. Er wollte dadurch seinen Gott anbeten und ihn loben. Davids Frau gefiel das nicht. Sie fand das total peinlich. Sie verspottete ihn dafür. Aber David machte das nichts aus. Er sagte zu seiner Frau: „Ich habe für Gott getanzt! Denn er hat mich zum Anführer des Volkes gemacht und deshalb will ich auch in Zukunft für ihn tanzen und springen."

INTERAKTIV

* Habt ihr schon mal vor Freude getanzt? Erzählt davon.

* Kennt ihr verschiedene Tänze? Welche gibt es? Vielleicht wollt ihr sie euch mal gemeinsam bei Youtube anschauen?

* Tanzt zusammen. Jeder darf ein Lied und einen Tanzstil aussuchen.

SIE TANZTEN UND LOBTEN DEN HERRN MIT LAUTEN UND HARFEN, MIT TAMBURINEN, RASSELN UND ZIMBELN. 2. SAMUEL 6,5B

GREIFEN

Du siehst gerade noch, wie das Glas vom Tisch rutscht. Blitzschnell greifst du zu – gerettet. Super, wie schnell deine Hände reagieren und zugreifen können!

Es ist unglaublich, wozu deine Hände fähig sind. Auch wenn du in der Schule schreiben lernst, brauchst du deine Hände. Oder beim Basteln, Kochen, Werken und natürlich beim Arbeiten.

Betastet mal eure Hände und ratet, aus wie vielen Knochen sie bestehen. 10? 20?

Alles falsch! In einer Hand sind 27 Knochen! Ganz schön viele, oder? Manche davon sind natürlich nur ganz klein. Dazu kommen noch drei große Nerven und viele Muskeln und Sehnen. Manche bezeichnen deshalb die Hand als den kompliziertesten Körperteil des Menschen. Mit der Hand kannst du schwere und große Gegenstände tragen, aber genauso schafft es deine Hand, ganz kleine und zerbrechliche Dinge aufzuheben. Wenn man etwas Kleines mit Daumen und Zeigefinger aufhebt, nennt man das „Pinzettengriff". Hilf doch mal deinen Eltern, die Spülmaschine auszuräumen. Deine Hand schafft es bestimmt, so genau zu arbeiten, dass nichts hinunterfällt und zerbricht. So kannst du mit deinen Händen etwas Gutes tun.

Gott sagt, dass er alle Lebewesen in seiner Hand hält. Das heißt, dass er verspricht, sich um sie zu kümmern, ihnen zu helfen und sie nie im Stich zu lassen – und das verspricht er dir auch.

ALLE LEBEWESEN HÄLT ER IN DER HAND. DEN MENSCHEN GIBT ER IHREN ATEM.

HIOB 12.10

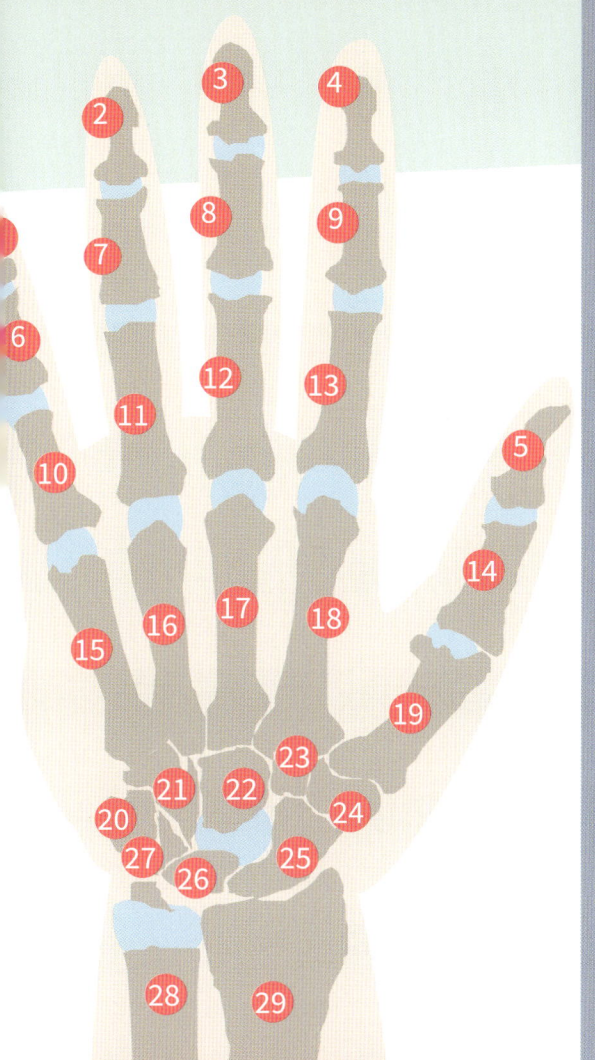

INTERAKTIV

* Besorgt euch Konfetti aus dem Locher und zwei Pinzetten. Wie viele Konfettis könnt ihr in einer Minute mit der Pinzette umdrehen?

* Zeichnet die Umrisse eurer Hände auf ein Blatt Papier. Überlegt gemeinsam, was ihr mit euren Händen alles machen könnt. Ihr selbst oder Mama oder Papa könnt es dann in die einzelnen Finger schreiben.

* Wenn man sagt, dass man jemandem „unter die Arme greift", meint man damit, dass man ihm hilft. Gibt es jemanden, dem ihr heute helfen könntet?

* Hat Gott euch schon mal geholfen? Sprecht darüber.

HAND UND FINGER

1–5	Endglieder
6–9	Mittelglieder
10–14	Grundglieder
15–19	Mittelhandknochen
20	Erbsenbein
21	Hackenbein
22	Kopfbein
23	kleines Vieleckbein
24	großes Vieleckbein
25	Kahnbein
26	Mondbein
27	Dreiecksbein

ARM

28	Elle
29	Speiche

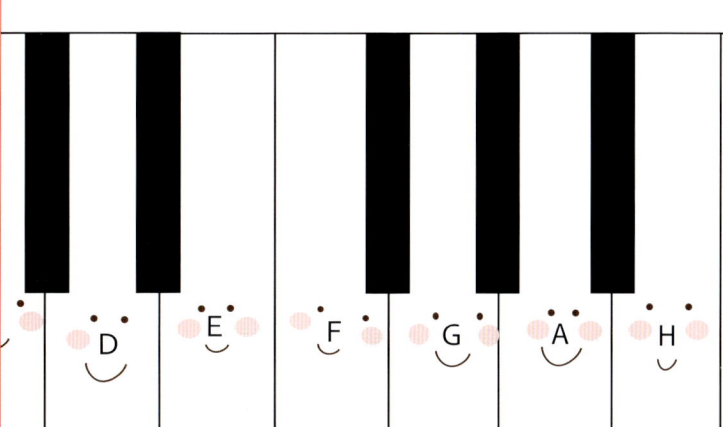

ECHT EINZIGARTIG

DEINE GEFÜHLE

LACHEN

Na, wer von euch hat heute schon gelacht? Hoffentlich ihr alle – Lachen ist nämlich gesund. Und das sagt man nicht nur so. Sondern Lachen stärkt tatsächlich deine Abwehrkräfte. Das heißt, wenn wir lachen, hilft das unserem Körper, sich gegen Krankheitserreger zu schützen. Außerdem entsteht beim Lachen Serotonin. Das ist ein Stoff in unserem Körper, der dafür sorgt, dass wir uns entspannen und gut fühlen. Sogar Schmerzen sind dann weniger schlimm. So kann Lachen helfen, schneller wieder gesund zu werden. Darum gibt es Clowns, die in vielen Kinderkliniken kleine Patienten besuchen und mit ihnen zusammen lachen.

Hattest du schon mal Muskelkater vom Lachen? Kein Wunder: Wenn du eine Minute lachst, ist das ungefähr so anstrengend wie neun Minuten schnell ein Boot zu rudern. Wir atmen beim Lachen viel tiefer ein als sonst. Das stärkt unsere Lunge und versorgt unsere Körperzellen hervorragend mit Sauerstoff. Das tut ihnen richtig gut. Es lohnt sich also, öfter mal zu lachen.

Lachen geht am besten, wenn wir uns von Herzen über etwas freuen. Wusstest du, dass auch Gott sich freut? Nämlich über uns! So sehr, dass er jubelt und lacht. Und am meisten freut er sich, wenn es uns richtig gut geht.

VON GANZEM HERZEN FREUT GOTT SICH ÜBER EUCH. WEIL ER EUCH LIEBT, REDET ER NICHT LÄNGER ÜBER EURE SCHULD. JA, ER JUBELT, WENN ER AN EUCH DENKT!

ZEFANJA 3,17

INTERAKTIV

* Kennt ihr Witze? Wenn nicht, leiht euch ein Witzebuch aus der Bücherei.

* Ein Spiel: Zwei von euch sitzen sich gegenüber. Schafft ihr es, den anderen zum Lachen zu bringen? Aber Achtung: Berührungen sind nicht erlaubt!

* Zaubert jemandem ein Lachen ins Gesicht, indem ihr ihm eine Freude macht. Ihr könnt z. B. etwas basteln oder backen und es jemandem schenken.

WEINEN

Hast du schon einmal etwas ins Auge bekommen? Oft beginnt dann das Auge zu tränen. Auch wenn Mama oder Papa Zwiebeln schneiden, können Tränen kommen. Unser Körper produziert Tränen, um etwas aus dem Auge zu schwemmen, das dort nicht hingehört oder das Auge reizt. Außerdem ist in deinen Tränen ein Stoff, der Bakterien hemmt. So wird verhindert, dass sich das Auge entzündet. Wenn wir danach blinzeln, wird die Träne herausgespült und das Auge ist wieder sauber.

Stell dir vor, du fährst mit deinem Fahrrad. Plötzlich verlierst du das Gleichgewicht und fällst hin. Zwar hast du einen Helm auf, aber dein Knie und deine Hände bluten und tun fürchterlich weh. Hast du so etwas schon einmal erlebt? Auch dann fangen wir meist an zu weinen. Mal kommen uns also Tränen, weil unser Auge gereizt ist, mal weil wir uns wehtun. Interessant ist: Wenn wir vor Schmerzen weinen, bestehen die Tränen aus ganz anderen Stoffen, als wenn wir weinen, weil uns etwas ins Auge geflogen ist. Denn einmal sollen die Tränen das Auge reinigen und einmal soll uns jemand trösten. Unsere Gefühle drücken wir in Tränen aus.

Als Jesus auf der Erde lebte, hat er auch manchmal geweint. Er weiß, wie es ist, traurig zu sein. Aber er hat auch versprochen, dass es einmal eine Welt geben wird, in der Gott uns alle Tränen abwischt und wir nie mehr traurig sind.

INTERAKTIV

*
Warum habt ihr schon einmal geweint? Schneidet aus Papier eine große Träne aus und schreibt oder malt eure Antworten darauf.

*
Wer oder was kann euch trösten? Sprecht darüber.

*
Wisst ihr, was man „Krokodilstränen" nennt? Wie könntet ihr das herausfinden?

UND GOTT WIRD ALLE IHRE TRÄNEN ABWISCHEN.

OFFENBARUNG 7,17B GNB

ANGST HABEN

Bestimmt kennst du sie: Sie kommt nachts, wenn du aufwachst und es dunkel ist. Von irgendwo hörst du ein Knacken. Ist da jemand? Und draußen pfeift es so komisch! Uh, ist das unheimlich. Weißt du, wer dann kommt? Genau, die Angst.

Eigentlich ist Angst etwas Gutes. Sie zeigt dir nämlich, wenn es gefährlich wird, und warnt dich davor, gefährliche Dinge zu tun. Sie erinnert dich daran, dass du lieber nicht den Abhang hinunterfahren, sondern die normale Straße benutzen solltest. Sie zeigt dir, dass du nicht allein im Dunkeln draußen unterwegs sein solltest.

Wenn die Angst kommt, bist du besonders aufmerksam. Dein Herz schlägt schneller, du atmest schneller und deine Muskeln bekommen eine extra Portion Energie. Damit macht sich dein Körper bereit dafür wegzulaufen, falls es nötig wird.

Aber wegzulaufen funktioniert nicht immer. Manchmal müssen wir etwas tun, obwohl wir Angst davor haben. Vielleicht hast du beim Schwimmkurs Angst davor, ins Wasser zu springen? Oder vielleicht bist du schon mal umgezogen und musstest ganz alleine in eine neue Kindergartengruppe oder Klasse gehen?

Dann ist es gut zu wissen, dass Gott immer auf deiner Seite ist. Der König des Universums ist dein Freund. Vertrau ihm, dass er dich in keiner Situation alleine lässt.

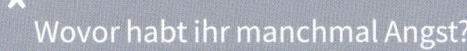

*
Wovor habt ihr manchmal Angst?

*
Wie könnt ihr euch gegenseitig helfen, diese Ängste zu überwinden?

*
Oft wird die Angst kleiner, wenn du nicht mehr alleine bist. Wann hast du das schon einmal erlebt?

*
Wenn wir Angst haben, kann es helfen, uns daran zu erinnern, dass Gott bei uns ist. Auswendig gelernte Bibelverse sind da Gold wert. Sucht euch einen Bibelvers aus und lernt ihn gemeinsam auswendig (z. B. Psalm 118,6; Jesaja 43,1-2; Johannes 16,33). Sucht euch einen Platz in eurer Wohnung, an dem ihr ihn immer wieder seht, und hängt ihn dort auf.

DER HERR IST AUF MEINER SEITE, UND ICH BRAUCHE MICH VOR NICHTS UND NIEMANDEM ZU FÜRCHTEN. WAS KANN MIR EIN MENSCH SCHON ANTUN?

PSALM 118,6

MUTIG SEIN

Stell dir vor, du bist mit deiner Freundin oder deinem Freund auf dem Spielplatz und ihr habt eine riesige Sandburg gebaut. Da kommen zwei größere Jungs auf euch zu. Einer von ihnen fängt an, deinen Freund oder deine Freundin zu ärgern: „Was hast du denn für eine blöde Brille auf, du Brillenschlange. Bist du blind?" Ganz schön fies! Aber du bist mutig, stehst auf und sagt: „Lasst uns in Ruhe! Hier ist niemand eine Brillenschlange." Manchmal braucht man natürlich Hilfe von Erwachsenen, aber wenn ihr mutig seid und zusammenhaltet, könnt ihr euch oft auch gegenseitig gut helfen.

Manche Kinder sind von Natur aus mutiger, andere eher vorsichtig. Vielleicht springst du im Schwimmbad direkt vom Dreimeterbrett ins Wasser. Oder du kletterst lieber erst gar nicht hoch, weil du daran denkst, was alles passieren könnte. Das ist beides völlig in Ordnung. Nur manchmal muss jeder von uns mutig sein. Zum Beispiel, wenn jemand unsere Hilfe braucht.

In der Bibel steht die Geschichte von einem Mann, der Josua hieß. Der war der Chef von einem ganzen Volk und hatte einige schwierige Aufgaben vor sich. Josua fühlte sich erst mal gar nicht mutig. Er hatte eine Menge Angst vor dieser wichtigen Aufgabe. Aber Gott hat zu ihm gesagt: „Josua, sei mutig und stark! Ich bin auf deiner Seite und helfe dir!" Und weil Josua wusste, dass Gott stärker als alle anderen ist, wurde er tatsächlich richtig mutig. Gott will dir genauso helfen wie Josua und deshalb darfst du auch genauso mutig sein.

INTERAKTIV

 Wann warst du das letzte Mal mutig? Erzähle den anderen davon.

 Wenn dich jemand ärgert, gibt es eine gute Hilfe fürs Mutigsein: Stell dich mit beiden Beinen fest auf den Boden, so, als wärst du ein starker Baum. Dann streckst du eine Hand nach vorne aus und sagst zu denen, die dich ärgern, ganz laut „Stopp!". Übt das zusammen.

* Macht heute Abend gemeinsam eine Nachtwanderung. Vielleicht wollt ihr eine Mutprobe einbauen: Jeder geht ein Stück alleine, ohne die anderen zu sehen.

LASS DICH NICHT EINSCHÜCHTERN UND HAB KEINE ANGST! DENN ICH, DER HERR, DEIN GOTT, STEHE DIR BEI, WOHIN DU AUCH GEHST.

JOSUA 1,9B

WÜTEND SEIN

Mmhh, dieses Überraschungsei sieht so lecker aus ... Aber Mama will es dir einfach nicht kaufen. Klar, dass sich das erst einmal doof anfühlt. Manche Kinder werden dann sogar so wütend, dass sie anfangen zu schreien und weinen und einen richtigen Wutanfall kriegen.

Aber nicht nur Kinder haben solche Wutanfälle. Die meisten Menschen ärgern sich mehrmals in der Woche richtig doll. Denn Wut gehört zu unseren Grundgefühlen: Das heißt, dass alle Menschen in allen Ländern auf der ganzen Welt manchmal wütend werden. Am häufigsten werden wir Menschen ärgerlich, wenn andere unserer Meinung nach etwas falsch gemacht haben. Werden Papa oder Mama im Auto manchmal wütend, weil der Fahrer vor ihnen nicht richtig fährt?

Du kannst aber selbst entscheiden, was du aus deiner Wut machst. Wenn du andere anschreist, verletzt oder dir selbst wehtust, ist das kein kluges Verhalten. Am besten ist es, sich erst einmal ein bisschen zu beruhigen. Versuche zum Beispiel fünfmal tief Luft zu holen, bevor du etwas sagst oder tust, wenn du wütend bist. Oder gehe erst einmal in dein Zimmer und male ein Bild. So passiert es nicht so leicht, dass du in der Wut etwas machst oder sagst, das dir später leidtut.

INTERAKTIV

* Was macht euch wütend?

* Habt ihr noch andere Ideen, was ihr tun könnt, um euch erst einmal etwas „abzukühlen", wenn ihr so richtig wütend seid?

* Bastelt euch kleine Wutsäckchen, an denen ihr eure Wut auslassen könnt. Füllt dafür Luftballons mit Mehl (am besten mit einem Trichter), knotet die Luftballons zu und malt auf die eine Seite ein wütendes und auf die andere ein fröhliches Gesicht. Wenn ihr wütend werdet, könnt ihr schnell das Wutsäckchen holen und es heftig durchkneten und vielleicht sogar gegen die Wand schleudern, statt mit bösen Worten um euch zu werfen.

JEDER SOLL STETS BEREIT SEIN ZU HÖREN, ABER SICH ZEIT LASSEN, BEVOR ER REDET, UND NOCH MEHR, BEVOR ER ZORNIG WIRD.

JAKOBUS 1,19B GNB

SICH FREUEN

Weihnachten. Bescherung. Vor dir liegen all die kleinen und großen Geschenke. Schon den ganzen Tag warst du vor lauter Vorfreude ganz zappelig. Aber jetzt kannst du es kaum noch erwarten, das erste Päckchen zu öffnen. Und tatsächlich bekommst du das Playmobilset oder das ferngesteuerte Auto oder das Schleichtier, das du dir schon sooo lange gewünscht hast. Du freust dich riesig. Du könntest Luftsprünge machen und die ganze Welt umarmen. Auch deine Eltern freuen sich – einfach weil sie sehen, wie sehr du dich gerade freust. Freude steckt nämlich an!

Noch mehr hast du aber von der Freude, wenn du jeden Tag fröhlich bist, auch wenn du gerade nichts geschenkt bekommst. Forscher haben herausgefunden, dass man dafür einiges tun kann. Zum Beispiel nicht so viel fernsehen, sondern viel draußen spielen. Oder rechtzeitig schlafen gehen. Oder mit anderen fröhlichen Menschen zusammen sein.

Wenn du Gottes Freund bist, hast du immer etwas, über das du dich freuen kannst. Das bedeutet übrigens nicht, dass du jeden Tag mit einem breiten Grinsen rumlaufen musst. Auch fröhliche Menschen erleben Trauriges. Aber sie wissen, dass Gott alles in der Hand hat. Gott zeigt dir immer wieder, wie viel Gutes er dir schenkt, zum Beispiel Eltern, die dich lieb haben, ein warmes Bett und genug zu essen. Und das sind schon ganz schön viele Gründe, sich zu freuen!

INTERAKTIV

* Worüber hast du dich heute schon geärgert? Hättest du dich in dieser Situation auch über etwas freuen können?

* Sprecht darüber, was es bedeutet, sich „immerzu" (siehe Bibelvers) zu freuen.

* Macht ein kleines Experiment: Eine Woche lang erzählt ihr euch jeden Abend gegenseitig drei Dinge, über die ihr euch heute gefreut habt.

FREUT EUCH IMMERZU MIT DER FREUDE, DIE VOM HERRN KOMMT! UND NOCH EINMAL SAGE ICH: FREUT EUCH!

PHILIPPER 4.4 GNB

TRAUERN

Hast du schon einmal etwas verloren? Etwas, das dir wirklich wichtig war? Vielleicht dein Kuscheltier, das immer in deinem Bett schlafen durfte? Oder deine Lieblings-CD, die du jeden Tag gehört hast? Wahrscheinlich warst du richtig doll traurig darüber. Vielleicht hast du auch geweint. Manches können wir einfach wieder neu kaufen, zum Beispiel dein Lieblingsspielzeug. Aber manchmal sind wir auch erst einmal untröstlich über den Verlust. Vielleicht musstest du schon einmal in eine andere Stadt umziehen. Quasi über Nacht hast du deine vertraute Umgebung, deine Freunde und deine Schule verloren. Dann kann es schon etwas länger dauern, bis du dich wieder zu Hause fühlst. Manche haben auch schon einmal einen lieben Menschen verloren. Am allermeisten trauern wir, wenn jemand stirbt, den wir sehr mochten.

Trauer gehört bestimmt nicht zu unseren Lieblingsgefühlen. Wenn wir uns freuen, fühlt sich das viel schöner an, als wenn wir traurig sind. Am liebsten würden wir die Trauer ganz schnell wieder abstellen und wieder fröhlich sein. Doch leider gibt es dafür keinen Knopf. Und eigentlich ist Trauern auch eine gute Erfindung von Gott. Denn wenn wir trauern, können wir den Verlust verarbeiten und dann irgendwann auch wieder richtig fröhlich werden. Manchmal kommt uns Gott unendlich weit weg vor, wenn wir traurig sind. In Wirklichkeit hat er aber versprochen, immer und überall ganz nah bei dir zu sein. Besonders dann, wenn du traurig und verzweifelt bist.

* Musstet ihr schon einmal einen Verlust verkraften? Wie seid ihr damit umgegangen?

* Wie wollt ihr am liebsten getröstet werden? Das kann bei jedem anders sein. Jeder darf erzählen.

* Hat Gott euch schon mal getröstet? Sprecht darüber.

* Manchmal hilft Musik, traurige Gefühle auszudrücken, für die man keine Worte findet. Sucht Musikinstrumente zusammen oder Gegenstände, mit denen ihr Musik machen könnt. Denkt euch eine kleine Melodie aus, die traurig klingt. Spielt danach eine fröhliche Melodie. Wodurch unterscheiden sie sich?

DER HERR IST DENEN NAHE, DIE VERZWEIFELT SIND, UND RETTET JEDEN, DER ALLE HOFFNUNG VERLOREN HAT. PSALM 34,19

ECHT EINZIGARTIG

DEINE SPRACHE

REDEN

Vor etwa 300 Jahren lebte in Frankreich einmal eine Frau, die Marie de Sévigné hieß. Marie hat jede Woche mehrere Briefe an ihre Tochter geschrieben, die in einer anderen Stadt wohnte. Über 700 Briefe von ihr gibt es heute noch. Das sind ganz schön viele nach so einer langen Zeit. In einem dieser Briefe hat Marie einmal Folgendes geschrieben: „Die Menschen werden mit zwei Augen und zwei Ohren geboren, aber nur mit einem Mund. Daran können wir sehen, dass sie zweimal so viel sehen und hören als reden sollten."

Ganz schön klug! Es ist wirklich weise, wenn wir anderen erst gut zuhören, bevor wir selbst reden. Hast du schon mal darüber nachgedacht, welche Auswirkungen unsere Worte haben? Manchmal plappern wir einfach drauflos, ohne zu denken – und manchmal verletzen unsere Worte dabei die anderen. Zum Beispiel deinen Freund, wenn du ihn „Dummkopf" nennst, nur weil er gerade nicht mit dir Fußball spielen will. Deine Worte können aber auch viel Gutes bewirken. Du kannst andere loben und ermutigen. Und wenn du zu jemandem „Danke" sagst, wird er sich sehr darüber freuen. Zum Beispiel, wenn du Mama oder Papa sagst, wie schön es ist, dass sie dir ein Buch vorliest. Solche freundlichen Worte sind „wie goldene Äpfel auf einer silbernen Schale", steht in der Bibel. Gemeint ist damit, dass sie etwas ganz Kostbares sind.

INTERAKTIV

*
Hat dich schon mal jemand mit Worten verletzt? Erzähle davon.

*
Einer oder eine von euch steht in der Mitte. Alle anderen dürfen zu ihm oder ihr den Satz „Ich mag an dir …" vervollständigen. Dann ist der oder die Nächste dran. So bekommt ihr viele wertschätzende Worte über euch zu hören.

*
Wem möchtest du heute etwas sagen, das ermutigt, lobt oder tröstet?

WIE GOLDENE ÄPFEL AUF EINER SILBERNEN SCHALE, SO IST EIN RECHTES WORT ZUR RECHTEN ZEIT.

SPRÜCHE 25.11

SINGEN

Manche Menschen singen auf einer großen Bühne, während viele Fans ihnen zujubeln. Andere singen in einem Chor, weil ihnen Singen einfach Spaß macht. Und dein Papa singt vielleicht lautstark unter der Dusche und denkt, keiner hört ihm zu.

Hast du schon mal jemanden ganz schief singen gehört? Das kann einen schon mal ziemlich aggressiv machen oder total lustig sein. Ein Wiegenlied dagegen kann uns beruhigen und Babys können dadurch leichter einschlafen. Überall auf der Welt singen Mamas ihren Kindern solche Lieder vor.

Hast du schon einmal leise vor dich hingesungen, wenn du zum Beispiel Angst hattest oder traurig warst? Das solltest du unbedingt mal ausprobieren. Singen macht nämlich bessere Laune. Die Welt ist dann gar nicht mehr so schwarz, wie sie gerade eben noch ausgesehen hat. Wenn man abends im Bett Angst vor einem Riesenmonster hat, kann man singen. Und manchmal wirkt das Monster dann nur noch so harmlos wie ein kleiner Kuschelbär.

Allein durch die Melodie können wir aber auch anderen Menschen ganz gut zeigen, wie wir uns fühlen. Ein Liebeslied klingt zum Beispiel ganz anders als ein fröhliches Kinderlied oder ein trauriges Lied. Auch Gott freut sich, wenn wir ihm ein Lied singen. Wir können ihn mit fröhlichen Liedern loben und ihm danken. Wir dürfen aber auch traurige Lieder zu ihm singen, wenn es uns schlecht geht. Probiert es doch einmal aus.

* Wart ihr schon mal in einem Gottesdienst? Welche Lieder wurden dort gesungen? Haben sie traurig oder fröhlich oder noch anders geklungen?

* Hat jeder von euch ein Lieblingslied? Welches? Vielleicht wollt ihr die Lieder zusammen singen oder euch anhören?

* Vielleicht wollt ihr in nächster Zeit gemeinsam ein Konzert oder ein Musical besuchen?

SINGEN WILL ICH FÜR DEN HERRN. SOLANGE ICH LEBE. FÜR MEINEN GOTT WILL ICH MUSIZIEREN MEIN LEBEN LANG. PSALM 104,33

LOBEN

„Wow, das hast du aber gut gemacht!" Wenn jemand das sagt und dir dazu noch einen freundlichen Schlag auf die Schulter gibt und mit dem Daumen nach oben zeigt, fangen deine Augen bestimmt an zu strahlen. Denn ein ehrlich gemeintes Lob zu bekommen, tut uns Menschen gut. Wenn du Anerkennung bekommst für etwas, das du gut gemacht hast, fühlst du dich richtig klasse. Und du bekommst Lust, noch mehr auszuprobieren. Ein kleines Lob vom Lehrer kann dir Mut machen, auch die nächsten Hausaufgaben sehr gründlich zu erledigen.

Auch in deiner Familie könnt ihr euch hin und wieder gegenseitig loben. Das tut euch allen gut. So zeigt ihr, dass ihr einander viel bedeutet und ihr euch alle gern habt.

In der Bibel können wir lesen, dass die Menschen schon immer auch Gott gelobt haben. Und auch heute noch singen Christen Gott Loblieder und beten ihn an, weil er uns sehr viel Gutes tut und weil er uns unendlich lieb hat. In vielen Gottesdiensten gibt es sogar eine besondere Zeit dafür, in der man mit Liedern, Gebeten oder vorgelesenen Bibelversen Gott rühmen und ehren kann.

SPITZE!

Papa, wenn du singst bekomme ich eine Gänsehaut, so schön ist das.

Das hast du gut gemacht!

Mein lieber Sohn, deine Fröhlichkeit steckt alle an, das tut gut.

Mein Kleiner, deine ruhige und drollige Art lässt Eisberge schmelzen.

LIEBER OPA. DU HAST GOLDENE HÄNDE.

TOLL!

Liebe Oma, du kannst die schönsten Geschichten erzählen.

Liebes Töchterchen, du kannst so wunderschön malen. Ich würde am liebsten jedes deiner Bilder einrahmen.

ICH WILL DEN HERRN VON GANZEM HERZEN LOBEN.

PSALM 104,1A

SICH MITTEILEN

Manchmal müssen Eltern ihre Kinder nur besonders streng anschauen, und sofort wissen die Kinder, dass sie gerade etwas falsch gemacht haben. Ist dir das auch schon einmal passiert? Durch deinen Blick kannst du dem anderen zeigen, dass du gerade richtig sauer auf ihn bist. Ein freundlicher Blick und ein Lächeln zeigen dem anderen dagegen, dass du ihn magst. Und wenn du jemandem die Hand auf die Schulter legst, ermutigt das.

Wir sagen nicht nur etwas mit Worten, sondern auch mit Blicken, mit unserem Lächeln und mit unserem ganzen Körper. Hat dir schon mal jemand die Hand geschüttelt und „Guten Tag" gesagt? Manchmal ist der Händedruck von Erwachsenen dabei ganz schön fest – fast so, als würde deine Hand eingequetscht. Automatisch denken wir dann, dass diese Person wohl sehr stark ist. Wenn dein Freund dagegen den ganzen Morgen kaum etwas sagt, Kopf und Schultern nach unten hängen lässt, merkst du, dass etwas nicht stimmt, dass er traurig oder ängstlich sein muss. Durch deine Körperhaltung, deinen Blick oder Berührungen kannst du also anderen Menschen etwas mitteilen, ohne ein einziges Wort zu sagen.

Genauso können wir anderen Menschen „mitteilen", wie sehr Jesus jeden liebhat. Wenn wir liebevoll miteinander umgehen, uns gegenseitig unterstützen und helfen und mit Respekt begegnen, wird Gottes Liebe sichtbar.

* Dieselben Worte können ganz unterschiedlich klingen, je nachdem, wie wir sie sagen. Ein Experiment: Einer von euch sagt den Satz: „Räume bitte den Tisch ab." Und zwar auf eine bestimmte Art, die er sich ausdenkt: entweder ärgerlich, wütend, traurig, bittend, müde usw. Die anderen dürfen raten, wie derjenige es gemeint hat.

* Einer von euch stellt sich in die Mitte und alle gucken ihn ganz grimmig an. Wie fühlt sich das an? Jetzt lachen ihn alle an und schicken ihm Schmatzer durch die Luft. Fühlt sich das anders an?

* Wie könnt ihr jemandem ohne Worte sagen, dass ihr ihn lieb habt? Probiert es doch gleich einmal aus.

AN EURER LIEBE ZUEINANDER WIRD JEDER ERKENNEN, DASS IHR MEINE JÜNGER SEID.

JOHANNES 13,35

ECHT EINZIGARTIG

DU UND ANDERE

„Ich hab dich soo lieb!" Es ist schön, wenn Mama oder Papa das sagen und uns dann noch einen dicken Kuss auf die Wange drücken. Und auch Mama und Papa freuen sich sehr darüber, wenn du ihnen zeigst, wie lieb du sie hast.

Und wenn dich eine Freundin ganz fest in den Arm nimmt, ist das auch ein richtig schönes Gefühl, oder?

Wir Menschen können uns auf ganz viele unterschiedliche Weisen zeigen, dass wir uns lieb haben. Manche Menschen reden ganz viel miteinander und sagen einander immer wieder, dass sie sich lieben. Andere nehmen den anderen lieber ganz fest in den Arm. Manche fühlen sich richtig geliebt, wenn sie einfach ganz viel Zeit miteinander verbringen können, und wieder andere freuen sich über Geschenke oder wenn man ihnen hilft.

Unsere Familie und Freunde haben wir oft richtig lieb. Aber leider sind wir nicht perfekt und behandeln uns manchmal auch ganz schön unfair. Dann enttäuschen wir einander.

Aber weißt du was? Gottes Liebe zu uns hört niemals auf. Es gibt nichts, was seine Liebe zu dir aufhalten kann. Er kennt dich ganz genau und weiß, wann du andere verletzt oder was du nicht kannst. Trotzdem möchte er dein Freund sein. Deshalb darfst du immer und an jedem Ort daran denken: Ich bin geliebt!

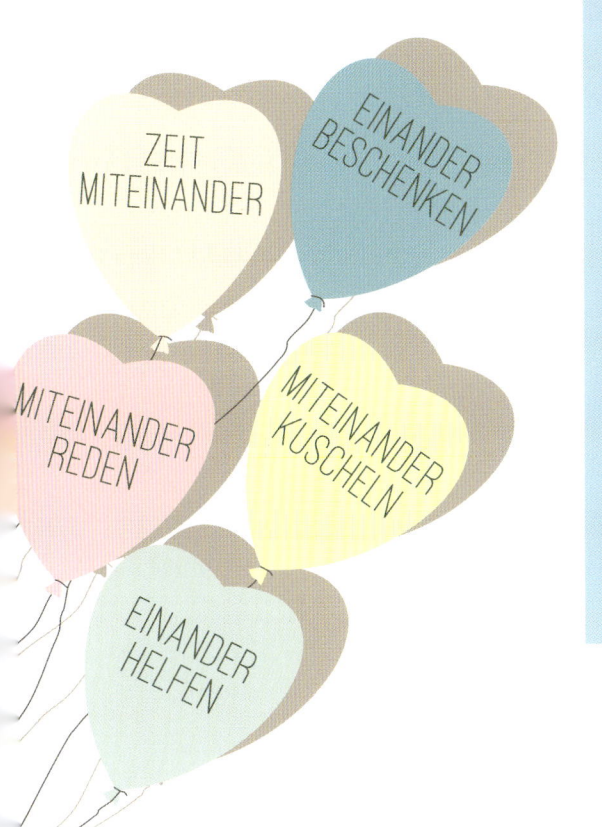

ZEIT MITEINANDER

EINANDER BESCHENKEN

MITEINANDER REDEN

MITEINANDER KUSCHELN

EINANDER HELFEN

* Woran merkt man, dass man jemanden lieb hat?

* Lest noch mal im Text nach, wie man sich gegenseitig zeigen kann, dass man sich lieb hat. Welche Art findet ihr am besten? Wann fühlt ihr am besten, dass jemand euch liebt?

* Wenn euch das Thema interessiert, könnt ihr gemeinsam das Buch „Die fünf Sprachen der Liebe für Kinder" von Gary Chapman dazu lesen.

WIR LIEBEN, WEIL GOTT UNS ZUERST GELIEBT HAT.

1. JOHANNES 4,19

VERTRAUEN

Bist du schon einmal von einer hohen Mauer direkt in Papas Arme gesprungen? Du hast darauf vertraut, dass dein Papa dich auch wirklich auffängt. Was er dann natürlich auch getan hat. Auch bei anderen Dingen müssen wir manchmal vertrauen, ohne es direkt sehen zu können. Wenn deine Eltern sagen, dass sie dich lieb haben, vertraust du darauf, dass sie es auch wirklich so meinen. Und du kannst es an ihrem Verhalten dir gegenüber erkennen. Zum Beispiel, wenn sie für dich sorgen, dich in den Arm nehmen und freundlich mit dir reden. Durch solche Erfahrungen kannst du deinen Eltern dann noch mehr vertrauen, dass sie dich wirklich lieb haben.

Auch Gott können wir nicht sehen. Wenn wir an ihn glauben, vertrauen wir darauf, dass es ihn wirklich gibt und dass das, was uns die Bibel über ihn erzählt, auch stimmt. Doch wir können sehen, wie Gott zum Beispiel Menschen verändert: Er tröstet die, die traurig sind, hilft uns zu vergeben und schenkt uns Liebe für andere. Solche Erfahrungen stärken unser Vertrauen in Gott.

*
Wem oder was vertraut ihr? Worauf verlasst ihr euch, ohne es sehen zu können? (Ein paar Beispiele: Stuhl, dass er hält, Lichtschalter, Aufzug, …)

*
Vertrauensübung: Stellt euch nacheinander auf einen Stuhl und lasst euch rückwärts in die Arme eurer Familienmitglieder fallen.

*
Baut einen Hindernisparcours auf. Einer bekommt die Augen verbunden, der andere gibt ihm Kommandos, wie er die Hindernisse überwinden kann. Vertraut ihr einander?

IM VERTRAUEN ZEIGT SICH JETZT SCHON, WAS MAN NOCH NICHT SIEHT.

HEBRÄER 11,1B

TRÖSTEN

Nach wem sehnst du dich, wenn du dir wehgetan hast oder wenn du ganz traurig bist, weil dich jemand ausgelacht hat? Na klar, nach Mama und Papa. Sie können dich dann ganz fest in den Arm nehmen, dir zuflüstern, dass sie dich lieb haben, und dir über den Rücken streichen. Das hilft fast immer, oder?

Das deutsche Wort „Trost" hängt von seiner Entstehung her mit dem Wort „treu" zusammen. Wenn du also jemanden tröstest, bist du für ihn ein treuer Freund oder eine treue Freundin: Du lässt ihn nicht allein. Oft brauchst du zum Trösten gar nicht viel zu tun oder zu sagen. Es reicht, wenn du da bist und der andere Mensch merkt, dass er dir wichtig ist und es dir nicht egal ist, wie es ihm geht.

Als Jesus zu Gott gegangen ist, hat er den Heiligen Geist auf die Erde geschickt. Jesus nennt den Heiligen Geist auch den „Tröster". Wir können den Heiligen Geist nicht sehen, aber er tröstet uns, wenn wir traurig sind, und er hilft uns, an Gott zu glauben. Aber vor allem sorgt der Heilige Geist dafür, dass wir uns bei Gott mindestens so geborgen fühlen können wie du bei Mama und Papa.

*

Von wem werden ihr am liebsten getröstet? Sprecht darüber.

*

Vielleicht wollt ihr euch eine Trostkiste bauen? Dort könnt ihr die Dinge hineinlegen, die euch trösten können, auch wenn Mama oder Papa mal nicht da sind: ein Pflaster, ein kleines Kuscheltier, einen Bibelvers, Fotos …

*

Wisst ihr, was passiert ist, als Jesus den Heiligen Geist, den Tröster, auf die Erde geschickt hat? Es hat etwas mit dem Pfingstfest zu tun. Ihr könnt dazu gemeinsam in eurer Bibel Apostelgeschichte 1-2 lesen oder die Pfingstgeschichte in einer Kinderbibel.

GOTT SAGT: ICH WILL EUCH TRÖSTEN WIE EINE MUTTER IHR KIND.

JESAJA 66.13A

FREUNDSCHAFTEN SCHLIEßEN

Bestimmt kennen eure Eltern das Lied „Ein Freund, ein guter Freund, das ist das Schönste, was es gibt auf der Welt …" von Heinz Rühmann. Vielleicht können sie euch den Anfang des Liedes einmal vorsingen? Dieses Lied ist ganz schön berühmt geworden. Und die meisten Menschen haben tatsächlich gerne gute Freunde. Gott hat uns nämlich so geschaffen, dass wir uns nach anderen Menschen sehnen. Wir lachen gern mit unseren Freunden, wir spielen zusammen und manchmal machen wir auch zusammen Quatsch.

Manche alte Menschen sind dagegen ganz einsam. Sie sitzen den ganzen Tag allein in ihrem Wohnzimmer und kennen niemanden, dem sie etwas erzählen könnten.

Manche Freunde bleiben ein Leben lang unsere Freunde. Andere Freunde dagegen ziehen vielleicht irgendwann in eine andere Stadt oder besuchen eine andere Schule.

Aber einen Freund gibt es, der für immer bleiben möchte: Das ist Jesus. Er will mit dir durch dick und dünn gehen. Übrigens kannst du mit ihm auch über alles reden. Eben genauso wie mit einem guten Freund.

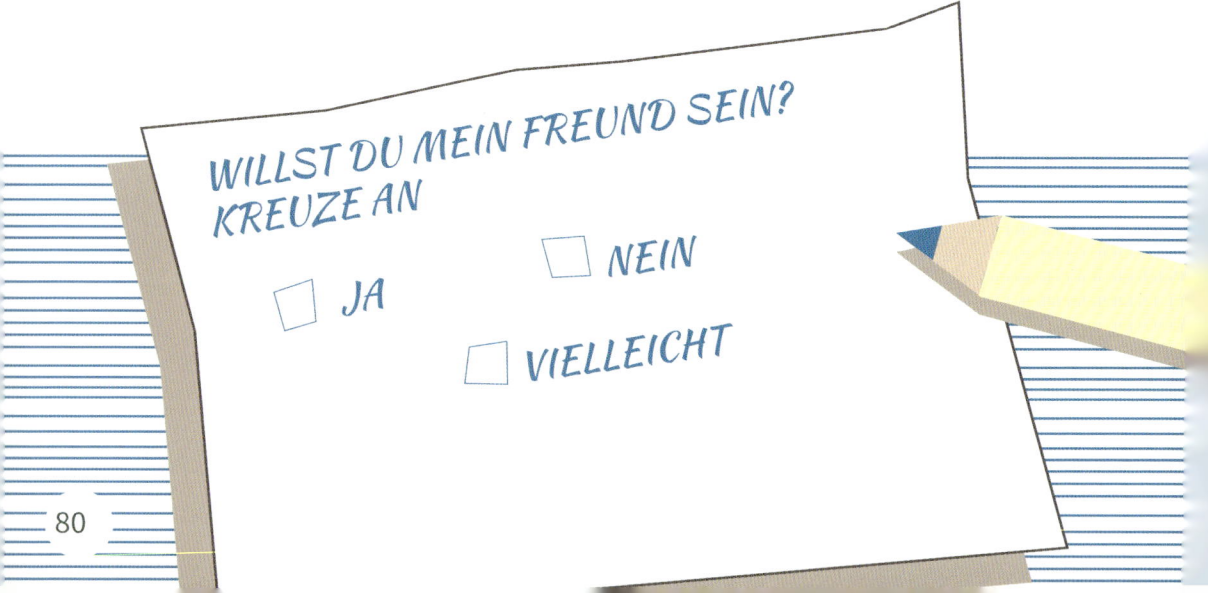

WILLST DU MEIN FREUND SEIN?
KREUZE AN

☐ JA
☐ NEIN
☐ VIELLEICHT

INTERAKTIV

* Warum finden wir Freunde gut?

* Überlegt gemeinsam, wann jemand ein guter Freund und eine gute Freundin ist. Was macht eine gute Freundschaft aus?

* Habt ihr eine CD mit einem Lied über Freunde, das ihr zusammen anhören wollt? Oder ein Bilderbuch über Freunde, das ihr gemeinsam lesen wollt?

* Gibt es in deinem Kindergarten oder deiner Klasse jemanden, der einsam ist, weil er gerade keine Freunde hat? Ladet ihn oder sie doch mal zu euch ein.

IHR SEID JETZT MEINE FREUNDE. DENN ICH HABE EUCH ALLES GESAGT, WAS ICH VON MEINEM VATER GEHÖRT HABE.

JOHANNES 15.15B NLB

MITFÜHLEN

Bestimmt hast du schon einmal zugeschaut, wie ein anderes Kind hingefallen ist oder sich anders wehgetan hat. Manchmal können wir uns dann selbst so richtig vorstellen, wie sich dieser Schmerz anfühlt – obwohl wir selbst uns gar nicht verletzt haben. Meistens gehen wir dann zu dem Verletzen hin und wollen ihm helfen. Erwachsene nennen das „Mitgefühl": Du kannst dir also genau vorstellen, was ein anderer gerade fühlt, und fühlst mit. Mitzufühlen kann aber auch heißen, dass du dich so richtig mitfreuen kannst, wenn sich jemand freut. Du also genauso jubelst wie dein Freund, der gerade ein Tor geschossen hat, oder du dich mit Mama freust, wenn sie ein Geschenk auspackt.

Jesus freut sich, wenn wir mitfühlend sind. Denn dann sind uns andere Menschen nicht egal, sondern wir interessieren uns für sie. Wenn es jemandem gut geht, kannst du dich mitfreuen. Ihr könnt zusammen lachen. Wenn du aber jemanden siehst, der traurig ist, kannst du auch mitfühlend sein. Du kannst dich dann neben ihn setzen, ihm die Hand halten oder ihm ein Taschentuch bringen. So wird er merken, dass du ihn magst und er gerade jetzt nicht alleine sein muss.

INTERAKTIV

✳
Fallen euch Situationen ein, in denen ihr euch mit jemandem mitgefreut habt? Oder in denen ihr eine Verletzung mitgefühlt habt?

✳
Seht euch die Bilder auf dieser Doppelseite an. Wie würdet ihr die Gesichtsausdrücke beschreiben? Könnt ihr sie nachmachen?

✳
Kennt ihr jemanden, der oder die im Krankenhaus ist oder im Altenheim wohnt? Vielleicht wollt ihr diese Person besuchen und euch für sie Zeit nehmen?

FREUT EUCH MIT DEN FRÖHLICHEN!
WEINT ABER AUCH MIT DEN TRAUERNDEN!

RÖMER 12,15

VERGEBEN

Stell dir vor, jemand hat dich verletzt. Vielleicht was Gemeines zu dir gesagt. Oder dich gehauen. Oder dir etwas weggenommen. Was tust du dann?

Manchmal würden wir dann am liebsten sofort zurückhauen.

Oder aber wir sind innerlich total wütend und wünschen dem anderen, dass ihm etwas Schlechtes passiert. Kennst du das auch?

Es gibt aber noch eine dritte Möglichkeit: Du kannst dem anderen vergeben.

Jesus hat dazu einmal eine Geschichte erzählt: Ein Mann musste seinem König noch ein paar Millionen Euro zurückgeben. Der Mann hatte das Geld aber nicht. Selbst wenn er alles verkauft hätte, was er besaß, und wenn er sein ganzes Leben lang für den König gearbeitet hätte, hätte es nicht gereicht. Als der Mann dem König das gesagt hat, war der König aber nicht sauer auf den Mann. Er hat ihn auch nicht ins Gefängnis geworfen, obwohl er das hätte tun können. Sondern der König hat gesagt: „Das ist in Ordnung mit dem Geld. Ich erlasse dir die Schulden." Der Mann musste keinen einzigen Euro zurückgeben. Der König hat dem Mann seine Schulden vergeben.

Jesus hat die Geschichte erzählt, weil es ganz wichtig ist, dass wir Vergeben lernen. Denn wenn wir jemandem verzeihen, der gemein zu uns war, können wir danach wieder gut zusammenleben.

INTERAKTIV

*

Hat euch schon einmal jemand wehgetan? Was habt ihr dann gemacht?

*

Hast du auch schon einmal jemandem vergeben? Ist es dir leicht oder schwer gefallen? Sprecht darüber.

*

Die Geschichte, die Jesus erzählt hat, war noch ein bisschen länger. Lest sie einmal nach. Sie steht in der Bibel in Matthäus 18,21-35. Auf Youtube könnt ihr euch dazu auch kurze Filme ansehen, in denen die Geschichte mit Lego-Männchen nachgespielt wird (zum Beispiel unter „Matthäus 18" zu finden).

ERTRAGT EINANDER UND SEID BEREIT, EINANDER ZU VERGEBEN, SELBST WENN IHR GLAUBT, IM RECHT ZU SEIN. DENN AUCH CHRISTUS HAT EUCH VERGEBEN.

KOLOSSER 3.13

TEILEN

Manchmal ist Teilen ganz schön blöd. Denkt zum Beispiel mal daran, wenn ihr im Sommer ein leckeres Eis draußen essen wollt – da sind die Wespen gleich zur Stelle und wollen auch was von deinem Eis abbekommen. So macht Teilen keinen Spaß. Sie nehmen dir zwar nicht viel weg, aber genießen kannst du das Eis sicher nicht mehr.

Aber wusstet ihr, dass freiwilliges Teilen eine super Sache ist? In mehreren Experimenten haben Forscher herausgefunden, dass Menschen viel glücklicher werden, wenn sie nicht alles für sich behalten, sondern mit anderen teilen. Stell dir vor, du hast eine Tüte Gummibärchen bekommen und isst sie auf dem Spielplatz, während alle deine Freunde dir traurig zuschauen oder sogar sauer auf dich werden, weil du ihnen nichts abgibst. Dann hast du zwar alle Gummibärchen für dich, aber froh wirst du dabei bestimmt nicht sein.

Ganz anders ist es, wenn du mit deinen Freunden teilst: Dann hast du zwar selbst nicht mehr so viele Gummibärchen. Aber dafür könnt ihr alle gemeinsam genießen und du freust dich darüber, wie glücklich deine Freunde sind. Und diese Freude ist eigentlich noch viel besser als ein Mund voller Gummibärchen, oder? Und stell dir vor, wie sehr du dich freust, wenn jemand seine Gummibärchen mit dir teilt. Das ist nämlich ganz oft so: Wenn wir mit anderen teilen, teilen sie auch mit uns, wenn sie etwas Tolles haben. Dann können sich alle ganz oft und gemeinsam freuen.

*

Was müsst ihr teilen? Wie geht es euch damit?

*

Hat schon einmal jemand mit dir geteilt? Was war das für ein Gefühl?

*

Was könnt ihr mit anderen teilen, denen es nicht so gut geht? Vielleicht könnt ihr eine Patenschaft für ein Kind in einem armen Land übernehmen oder ein paar eurer Spielsachen verschenken? Überlegt euch etwas und setzt es um.

GEBEN MACHT GLÜCKLICHER ALS NEHMEN.

APOSTELGESCHICHTE 20.35

DAZUGEHÖREN

Warst du schon mal ein paar Tage krank? Am Anfang ist es vielleicht ganz schön, wenn du zu Hause bleiben darfst. Mama oder Papa spielen mit dir und lesen dir vor und vielleicht darfst du sogar fernsehen. Aber spätestens am dritten Tag wird es meistens langweilig. Du vermisst deine Freunde. Alleine zu sein ist auf Dauer nicht schön. Wir erleben viel lieber etwas mit unserem besten Freund oder unserer Gruppe Sogar die meisten Geschichten handeln von Freunden und von tollen Teams: Anna und Elsa, die Freunde aus Ice Age, die drei ??? und viele andere. Wir lieben diese Geschichten, weil jeder von uns sich wünscht, zu so einem tollen Team zu gehören. Und unsere größte Sorge ist oft, dass wir nicht dazugehören dürfen und ausgegrenzt oder zurückgewiesen werden.

Gott weiß das. Deshalb hat er uns alle in ein richtig starkes Team gesetzt: die Familie. Sie kann ein tolles Team sein, in dem wir Schönes unternehmen und Spaß haben. Gleichzeitig können wir in der Familie aber auch ehrlich sein und uns geborgen fühlen. Das klappt dann, wenn ihr echte Teamplayer werdet – also wenn ihr zueinanderhaltet und euch lieb habt, auch wenn es euch mal nicht so gut geht. Dann kann euch nichts mehr aufhalten!

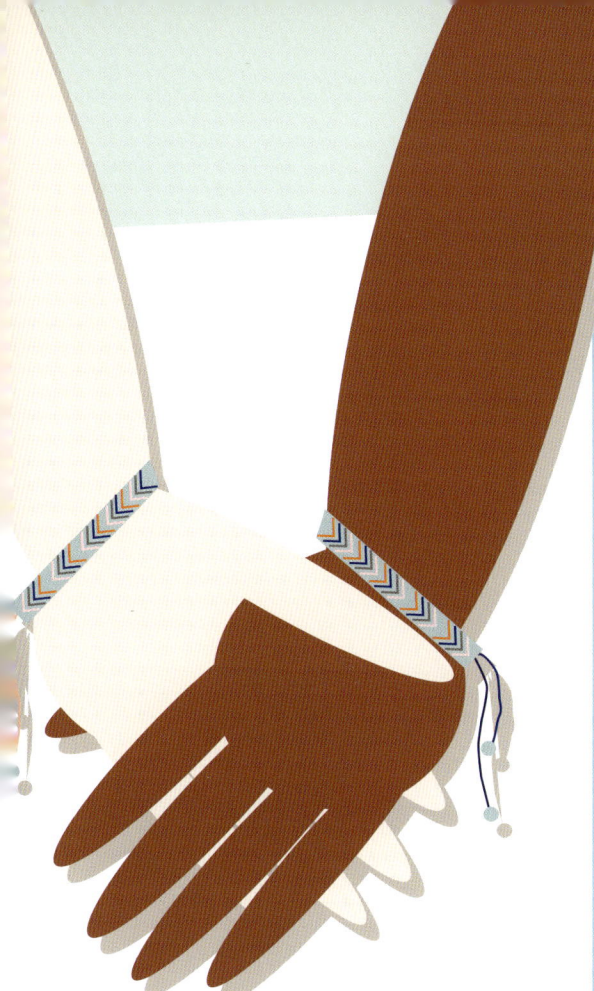

INTERAKTIV

* Welche Menschen sind dir besonders wichtig? Warum?

* Ihr gehört in eine lange Familiegeschichte. Gestaltet einen Familienstammbaum: Wer waren eure Vorfahren? Versucht, möglichst viel über sie herauszufinden. Entdeckt ihr Ähnlichkeiten zwischen ihnen und euch?

* Kennt ihr jemanden, der einsam ist, der nicht viele Freunde oder keine Familie in eurer Stadt hat? Vielleicht wollt ihr ihn einladen? Ihr könnt zusammen essen oder spielen und Zeit verbringen.

GOTT, DER HERR, SAGTE: ES IST NICHT GUT, DASS DER MENSCH ALLEIN IST. ICH WILL IHM JEMANDEN ZUR SEITE STELLEN, DER ZU IHM PASST!

1. MOSE 2,18

ECHT EINZIGARTIG

DEIN GEHIRN

LERNEN

Ding-dong – der Postbote ist da. Juhu, er bringt ein Päckchen! Und es ist sogar für dich: Dick und schwarz steht dein Name drauf. Aber leider nicht nur deiner, sondern auch der von deiner Schwester. Und die ist gerade noch in der Schule. Bevor sie kommt, darfst du das Päckchen noch nicht aufmachen. Dabei platzt du doch fast vor Neugier!

Bist du manchmal neugierig? Bestimmt! Neugier steckt von Anfang an in uns Menschen drin. Ohne sie würden wir nichts lernen. Neugier hilft uns, neue Entdeckungen zu machen und Dinge zu erfinden. Hast du schon mal nachgeguckt, was hinter einer verschlossenen Tür steckte? Hast du schon mal in eine Kiste geschaut, weil du wissen wolltest, was darin ist? Neugier hilft, alles zu erkunden und uns zurechtzufinden. Wir lernen am meisten, wenn wir selbst ausprobieren und Erfahrungen machen. Hast du schon mal geholfen, einen Kuchen zu backen? Kannst du schon den Mixer halten? Oder kannst du sogar schon Eier aufschlagen? Wir lernen beim Ausprobieren. Viel lernen wir aber auch, weil andere es uns beibringen. Gott, der Erfinder des ganzen Universums, möchte uns ganz viele spannende Dinge beibringen: Du kannst von ihm ganz viel über die Welt lernen, aber auch über dich selbst und über Gott. Wie genial ist das denn?

INTERAKTIV

✻ Habt ihr schon einmal den Satz gehört: „Sei nicht so neugierig"? Wer hat das gesagt? Warum? Ist das ein guter Satz?

✻ Was würdet ihr jetzt gerne herausfinden? Tut es. Vielleicht baut ihr einen alten Wecker auseinander, um zu sehen, wie eine Uhr funktioniert, oder öffnet geheimnisvolle Schubladen?

✻ Gibt es in eurer Nähe ein Museum, das ihr einmal besuchen wollt? In Museen kann man nämlich prima darüber staunen, was Menschen alles herausgefunden haben.

RUFE ZU MIR, DANN WILL ICH DIR ANTWORTEN UND DIR GROSSE UND GEHEIMNISVOLLE DINGE ZEIGEN, VON DENEN DU NICHTS WEISST!

JEREMIA 33,3

PLANEN

Bestimmt seid ihr schon mal in Urlaub gefahren. Wisst ihr noch, was ihr vorher zu Hause gemacht habt, bevor ihr losgefahren seid? Kleiner Tipp: Ihr brauchtet dafür Taschen oder Koffer …

Genau: Ihr habt eure Sachen gepackt! Damit ihr die richtigen Sachen einpackt, müsst ihr eure Reise planen. Ihr müsst also überlegen, wo ihr hinfahrt, wie lange ihr dort bleibt und was ihr alles braucht. Stellt euch mal vor, ihr fahrt ans Meer und habt nur den Schneeanzug dabei. Oder zum Schlittenfahren nur die Badesachen! Gut, dass wir planen können. Es gibt sogar Tiere, die planen können! Forscher haben japanische Krähen beobachtet, große schwarze Vögel. Die Krähen wollten Nüsse fressen. Aber die Nussschalen waren zu hart, um sie mit dem Schnabel aufzupicken. Da haben die Krähen die Nüsse vor Autos gelegt. Warum wohl? Genau, damit die Autos darüberfahren und die Schalen so knacken. Einige Krähen haben die Nüsse sogar auf Zebrastreifen gelegt, damit ihnen beim Aufpicken nix passiert – denn am Zebrastreifen halten die Autos ja immer wieder an. Ganz schön gut geplant!

Nicht nur Menschen und Tiere haben einen Plan, sondern auch Gott hat einen. Sein bester Plan ist, dass wir für immer bei ihm sein dürfen und dass er so gut für uns sorgt wie Eltern für ihre Kinder. Und diesen Plan wird er ganz bestimmt umsetzen.

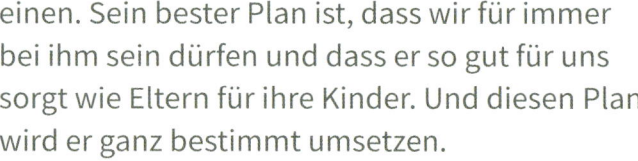

* Was klappt besser, wenn man es plant? Sammelt Beispiele.

* Auch bei vielen Gesellschaftsspielen muss man planen. Habt ihr ein gemeinsames Lieblingsspiel? Vielleicht wollt ihr es jetzt spielen?

* Oder plant zusammen ein Picknick. Woran müsst ihr alles denken? Wer kümmert sich um was?

TIPP: Das Wetter kann man nicht planen. Sollte euch das Wetter einen Strich durch die Rechnung machen, picknickt doch einfach in euerm Wohnzimmer mit Picknickdecke und Campinggeschirr.

VON ANFANG AN WAR ES GOTTES UNVERÄNDERLICHER PLAN, UNS DURCH JESUS CHRISTUS ALS SEINE KINDER AUFZUNEHMEN.

EPHESER 1.5A NLI

KREATIV SEIN

Wenn Wissenschaftler die Natur beobachten, können sie ganz, ganz selten sogar eine neue Tierart entdecken. Eine Tierart, die noch niemand vorher gesehen hat. Spannend, oder? Wenn das passiert, dürfen die Wissenschaftler diesem Tier sogar den Namen geben. Manchmal denken sie sich einen lustigen Namen aus, der zum Aussehen oder Verhalten des Tieres passt. Kennt ihr zum Beispiel den Schuhschnabel? Das ist ein Vogel, dessen Schnabel wie ein Hausschuh aussieht.

Wenn man sich den Namen für eine neue Tierart ausdenkt, ist das kreativ. Gott hat uns Menschen superkreativ gemacht. Jeder Mensch ist kreativ, aber jeder in ganz unterschiedlichen Bereichen. Manche können ganz tolle Bilder malen, andere richtig gut Lego bauen, wieder andere tolle Geschichten erzählen oder sich Arten zu tanzen ausdenken.

Manche Forscher sagen, dass man am besten kreativ sein kann, wenn man sich vorher richtig langweilt. Hast du das schon mal erlebt? Dass dir langweilig war und dann – zack! – kam dir eine Idee und du hast irgendwas Kreatives gemacht?

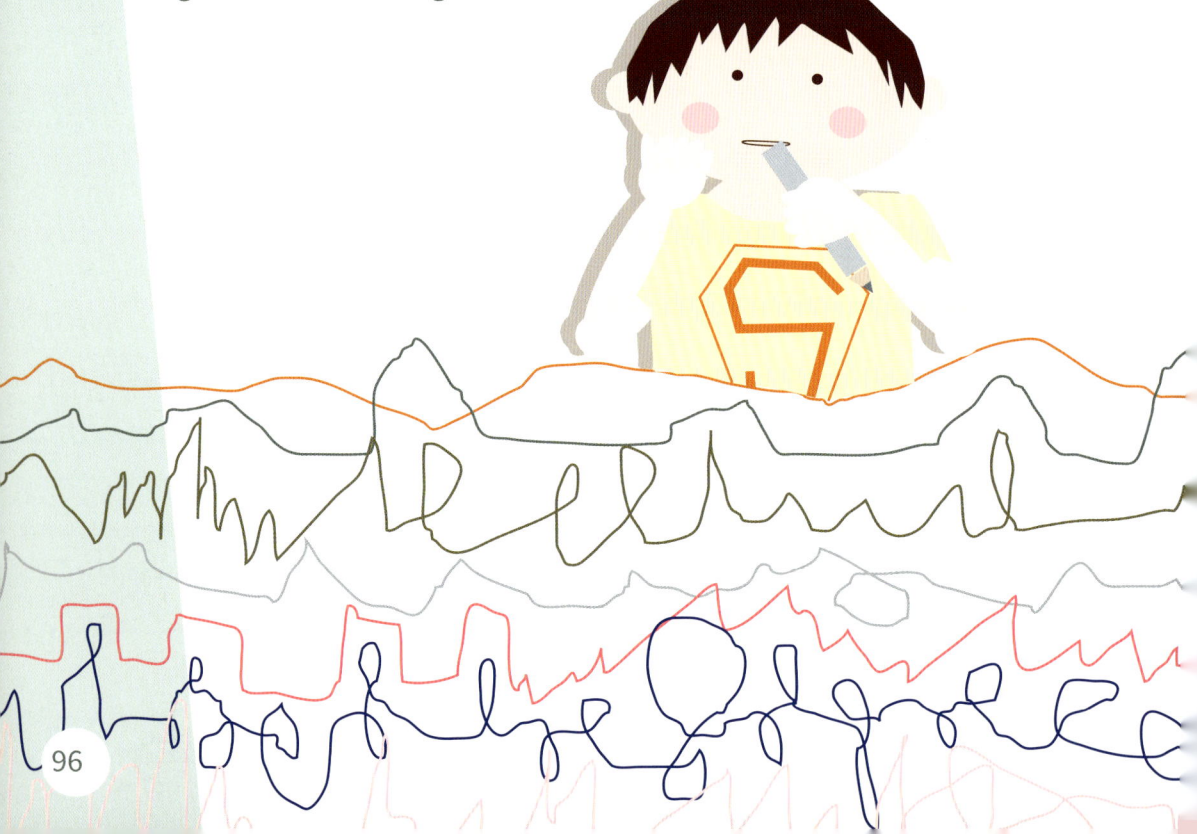

* Überlegt zusammen: In welchen Bereichen seid ihr kreativ?

* Kennt ihr noch andere lustige Tiernamen? Wie sieht der Schokoladenhai wohl aus? Oder die Apfelschnecke? Wenn ihr wollt, malt sie auf – und dann vergleicht sie mit Bildern aus dem Internet.

* Denkt euch ein paar witzige Bezeichnungen aus. Ihr könnt auch „lustige Tiernamen" googeln.

* Welche Maschine würdet ihr gerne mal erfinden? Baut ein Modell oder malt ein Bild.

ER BRACHTE ALLE LANDTIERE UND VÖGEL, DIE ER AUS DEM ERDBODEN GEFORMT HATTE, ZU DEM MENSCHEN, UM ZU SEHEN, WIE ER SIE NENNEN WÜRDE. GENAU SO SOLLTEN SIE DANN HEIßEN. DER MENSCH BETRACHTETE DIE TIERE UND BENANNTE SIE. 1. MOSE 2,19-20A

KOMBINIEREN

Welches Wort mit doppelter Bedeutung wird hier gesucht:

1. Ich bestehe aus einer Mauer, habe Türme und bin sehr alt?
2. In mich steckt man einen Schlüssel und dreht diesen um?

Na, habt ihr das „Schloss" erraten? Um ein Rätsel zu lösen, braucht man verschiedene Informationen. Wenn man über diese Informationen nachdenkt und sie zusammenbringt, nennt man das „Kombinieren". Besonders gut kombinieren müssen Detektive. Sie sammeln die verschiedensten Aussagen und Hinweise, um einen Fall aufzuklären. Wie ein Detektiv arbeitet auch unser Gehirn. Es sammelt alles, was wir sehen, hören, riechen, fühlen und schmecken. Das kombiniert es mit unseren Erinnerungen. Wenn du den Duft von einem Pfannkuchen mit Nutella riechst, kombiniert dein Gehirn es mit der Erinnerung an leckere Pfannkuchen, die du schon mal gegessen hast. Darum gibt dein Gehirn das Kommando: Wasser im Mund zusammenlaufen lassen und schon mal freuen! Wenn du die Schritte einer riesigen Raubkatze und das Gebrüll eines Löwen hörst, aber keinen Zaun siehst, kombiniert dein Hirn blitzschnell, dass du weglaufen solltest, was das Zeug hält. Kombinieren ist also eine lebenswichtige Fähigkeit. Und beim Rätseln macht es sogar richtig Spaß. Deshalb ermutigt Gott uns in der Bibel, unsere Kombinationsfähigkeit und unseren Verstand zu gebrauchen und immer besser darin zu werden.

RINGE UM VERSTAND UND URTEILSKRAFT SUCHE DANACH VOLLER EIFER WIE NACH EINEM WERTVOLLEN SCHATZ! SPRÜCHE 2,3-4

INTERAKTIV

*
    Trainiert eure Kombinationsfähigkeit, indem ihr „Wer bin ich?" oder „Ich sehe was, was du nicht siehst" spielt.

*
    Löst gemeinsam diesen

Detektivfall:

Sonntagmorgen raubte ein Dieb auf einem roten Fahrrad Oma Nellis Handtasche. Vor euch stehen drei Verdächtige, aber wem gehört welches Fahrrad in welcher Farbe? Findet ihr den Dieb?

Ein Verdächtiger heißt Kevin.
Ein anderer Verdächtiger fährt ein Rennrad.
Das Mountainbike ist nicht grün.
Kevin fährt ein gelbes Fahrrad.
Das Rennrad ist rot.
Das Klapprad gehört Michael.
Harry fährt kein grünes Fahrrad.

Lösung: Der Dieb war Harry auf dem roten Rennra[d]

ERINNERN

Gerade noch hast du mit dem gelben Stift gemalt. Jetzt kannst du ihn einfach nicht mehr finden. Du kannst dich nicht mehr daran erinnern, wo du ihn abgelegt hast, und er ist wie vom Erdboden verschwunden. Na ja, bis ihn deine Schwester am nächsten Tag unter deinem Mäppchen findet. Vermutlich liegt das an deinem Kurzzeitgedächtnis. Das ist ein Bereich im Gehirn, in dem erst einmal alles gesammelt wird, was du erlebst, siehst oder tust. Allerdings hat dein Kurzzeitgedächtnis nicht so viel Speicherplatz. Wenn etwas Neues, Wichtigeres kommt oder du abgelenkt wirst, wird die alte Information einfach gelöscht und du kannst dich nicht mehr an den gelben Stift erinnern.

In unserem Gehirn gibt es aber auch noch einen anderen Bereich, das Langzeitgedächtnis. Das ist wie ein riesiges Lagerhaus mit ganz vielen verschiedenen Zimmern. Alles, was wir unser Leben lang nicht mehr vergessen wollen, kommt dort hinein. Trotzdem vergessen wir manchmal, was wir erlebt haben – wir räumen es dann ganz nach hinten in unser Gedächtnislager und gehen nicht mehr in dieses Zimmer. Bei guten Erlebnissen ist das sehr schade. Zum Beispiel wenn wir gute Erfahrungen mit Gott gemacht haben. Wenn wir etwas nicht vergessen wollen, können wir es aufschreiben, zum Beispiel in ein Tagebuch. Oder wir können uns Fotos angucken, um uns an schöne Erlebnisse zu erinnern. Oder wir erzählen uns gegenseitig von tollen Situationen.

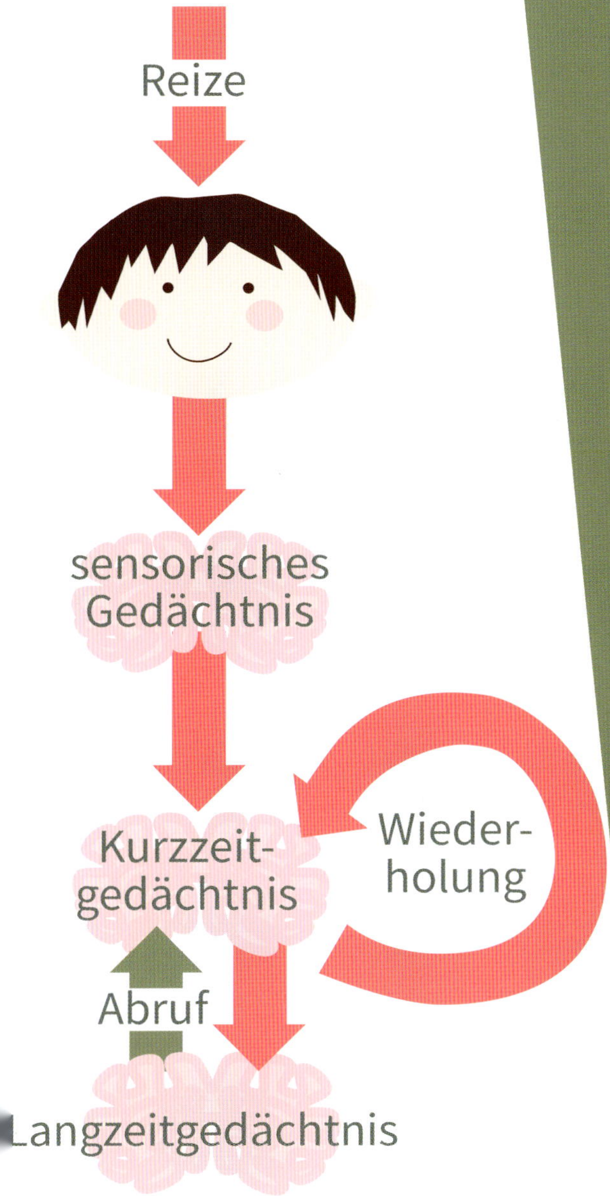

Reize

sensorisches
Gedächtnis

Kurzzeit-
gedächtnis

Wieder-
holung

Abruf

Langzeitgedächtnis

*

Gestaltet Erinnerungssteine: Jeder aus eurer Familie überlegt sich ein schönes Erlebnis aus den letzten Monaten. Dann sucht sich jeder einen Stein und bemalt, beklebt oder beschriftet ihn, sodass der Stein euch an das schöne Erlebnis erinnert. Wenn ihr den fertigen Stein dann zum Beispiel auf eure Fensterbank stellt, könnt ihr ihn immer wieder ansehen und euch erinnern.

*

Feiert ein Fest, um euch an eure Taufe, eure Segnung, euren ersten Schultag oder an die Hochzeit von Mama und Papa zu erinnern. Wie könnt ihr euch dabei das schöne Erlebnis wieder ins Gedächtnis rufen?

*

Was hat Gott euch schon Gutes getan? Sprecht darüber.

ICH WILL DEN HERRN LOBEN UND NIE VERGESSEN, WIE VIEL GUTES ER MIR GETAN HAT. PSALM 103,2

WARTEN

Herr Mischel war ein kluger Mann und er wollte etwas erforschen. Dazu lud er viele Kinder zwischen vier und sechs Jahren ein. Herr Mischel hatte einen leeren Raum, in dem nur ein Tisch und ein Stuhl standen. Immer ein Kind sollte sich an den Tisch setzen. Auf dem Tisch stand ein Teller und auf dem Teller lag ein Marshmallow, sonst nichts. Herr Mischel erklärte dem Kind, dass es den Marshmallow sofort essen durfte. Es konnte aber auch warten und würde dann später zwei Marshmallows bekommen. Es war seine Entscheidung. Dann ging Herr Mischel aus dem Raum. Manche Kinder wollten lieber noch eine zweite Süßigkeit. Andere Kinder konnten nicht abwarten. 13 Jahre später lud Herr Mischel die Kinder noch einmal ein. Da waren sie aber keine Kinder mehr, sondern schon fast erwachsen. Er stellte ihnen viele Fragen und merkte, dass es Unterschiede gab zwischen den Kindern, die gewartet hatten, und den anderen. Die gewartet hatten, waren besser in der Schule. Sie konnten besser damit leben, wenn mal Probleme auftauchten. Und sie verstanden sich besser mit anderen Menschen. So fand Herr Mischel heraus, dass es im Leben sehr wichtig ist, dass wir abwarten können.

Warten kann man üben: Stellt euch zum Beispiel beim Einkaufen einfach mal an die längste Schlange vor der Kasse. Oder ihr nehmt beim Essen als Letzte.

Gott verspricht uns in der Bibel einiges. Oft wissen wir aber nicht, wann sich diese Versprechen erfüllen. Auch darauf müssen wir noch warten. Aber es wird sich lohnen!

WC BESETZT

INTERAKTIV

* Musstet ihr heute schon warten? Wie habt ihr euch dabei gefühlt?

* Wer von euch kann am besten abwarten? Woran merkt ihr das?

* Wie würdet ihr euch bei dem Marshmallow-Test entscheiden – sofort essen oder auf den zweiten warten? Wollt ihr es einmal ausprobieren?

ABER GOTT HAT UNS EINEN NEUEN HIMMEL UND EINE NEUE ERDE VERSPROCHEN. DORT WIRD ES KEIN UNRECHT MEHR GEBEN. WEIL GOTTES WILLE REGIERT. AUF DIESE NEUE WELT WARTEN WIR.

2. PETRUS 3,13 GNB

ECHT EINZIGARTIG

DEIN KÖRPER

ESSEN

Zur Vorspeise eine leckere Nudelsuppe. Danach eine duftende Salami-pizza mit leckerem Käse, Pommes oder ein knackiger Salat. Und zum Abschluss zwei Kugeln Eis mit Sahne und frischen Erdbeeren. Mmh. Mir läuft schon das Wasser im Mund zusammen!

Ist das nicht genial, dass so ein Essen nicht nur appetitlich aussieht, sondern auch gut schmeckt und nicht zuletzt uns mit Energie und allen notwendigen Nährstoffen versorgt? Schon in unserem Mund beginnt die Verdauung, also die Verarbeitung unserer Nahrung. Unsere Zähne leisten wichtige Arbeit und zerkleinern erst einmal das Essen in schluck-bare Portionen. Wenn du regelmäßig deine Zähne putzt, hilfst du ihnen, ihre Arbeit gut zu erledigen. Im Magen geht die Arbeit weiter. Wusstet ihr, dass euer Magen täglich zwei bis drei Liter Magensaft herstellt, der das Essen weiter zerkleinert? Im Darm werden dann nach und nach alle Nährstoffe aus dem Essen gezogen, bis schließlich nur noch ein dick-flüssiger unverdaulicher Restnahrungsbrei übrig bleibt (genau, das ist das, was irgendwann im Klo landet).

Trotzdem brauchen wir noch mehr zum Leben als gutes Essen. Wir benötigen auch Nahrung für unsere Seele. Die Bibel ist so eine Speise. Denn die Bibel zeigt uns, wie wertvoll wir sind und wie sehr Gott sich über uns freut. Sie ist die Nahrung, die wir brauchen, um unser Leben optimal leben zu können.

WELCH EINE KÖSTLICHKEIT SIND DEINE WORTE

* Warum werden die Worte in der Bibel wohl auch als süßer Honig beschrieben?

* Wollt ihr zusammen einen Essensplan für die nächste Woche aufstellen, in dem eure Lieblingsgerichte vorkommen? Überlegt, wer welche Mahlzeit zubereiten könnte.

* Schaut mal in eurem Küchenschrank nach, welche Nahrungsmittel ihr dort so findet. Über welche Nahrungsmittel wird sich euer Körper freuen und von welchen solltet ihr lieber nicht so viel essen?

SIE SIND NOCH SÜßER ALS DER BESTE HONIG.

PSALM 119,103 GNB

TRINKEN

Habt ihr einen Globus oder eine Weltkarte? Darauf seht ihr, dass ein riesiger Teil der Erde mit Wasser bedeckt ist. Deshalb wird die Erde auch „Blauer Planet" genannt. Aber der größte Teil davon ist Salzwasser. Das können Menschen nicht trinken, weil zu viel Salz darin steckt. Sauberes Trinkwasser ohne Salz ist daher sehr kostbar.

In vielen Gegenden der Welt haben die Menschen keine Wasserhähne im Haus. Sie müssen Wasser aus einem Brunnen oder sogar aus Flüssen oder Seen trinken. Das kann aber gefährlich sein, weil dieses Wasser oft dreckig ist. Dann kann man davon richtig schlimm krank werden. Zum Glück können wir das Wasser aus unserem Wasserhahn einfach so trinken. Und das sollten wir auch. Denn wenn wir schon einen Tag zu wenig trinken, kann uns abends schwindlig sein oder unser Kopf wehtun. Gut, dass unser Durstgefühl uns ans Trinken erinnert.

Gott weiß, dass wir Menschen nicht nur Durst auf Wasser haben. Unsere Sehnsüchte und Herzenswünsche sind so ähnlich wie ein Durstgefühl. Viele Menschen sehnen sich zum Beispiel danach zu wissen, warum sie auf der Welt sind. Sie sind durstig nach jemandem, der sie lieb hat und für den sie wichtig sind. Jesus verspricht, dass er diesen Durst stillen kann. Ganz umsonst und genug für alle Tage.

INTERAKTIV

* Wisst ihr, wie Salzwasser schmeckt? Rührt einen Teelöffel Salz in ein Glas Wasser und probiert. Trinkt danach frisches Wasser aus dem Wasserhahn. Wie schmeckt es?

* Wonach sehnt ihr euch, was wünscht ihr euch ganz doll? Erzählt davon.

* Findet heraus, wie viel jeder von euch an einem Tag trinkt. Sucht euch dafür morgens ein großes Gefäß für jeden. Wenn ihr etwas trinkt, schüttet die gleiche Menge Wasser in das Gefäß. Wie viel ist am Abend zusammengekommen? Wer trinkt am meisten?

JESUS SAGT: WER AN MICH GLAUBT, WIRD NIE WIEDER DURST HABEN.

JOHANNES 6.35B

ATMEN

Wenn ein Baby geboren wird, fängt es sofort an zu atmen. Manche Babys allerdings brauchen dazu ein bisschen Hilfe und bekommen nach der Geburt einen kleinen Klaps auf den Po. Dann beginnen sie zu schreien und ihre Lungen füllen sich zum ersten Mal mit Luft.

Ungefähr 20 000 Mal atmen wir am Tag ein und aus. Das machen wir ganz automatisch und meist merkt man das nicht. Aber wenn es draußen eisig kalt ist, könnt ihr euren Atem als kurzen Nebelhauch sehen. Und wir bemerken unsere Atmung, wenn wir schnell gerannt und dann völlig außer Atem sind. Oder wenn du nachts nicht schlafen kannst, weil Papa so laut schnarcht, dass man es im ganzen Haus hören kann – dann wird das Atmen mal ganz laut hörbar.

Ohne zu atmen, kann der Mensch nicht leben. In der Bibel steht, dass Gott jeden Menschen geschaffen und gewollt hat. Er ist es also, der dir deinen „Lebens-Atem" gegeben hat.

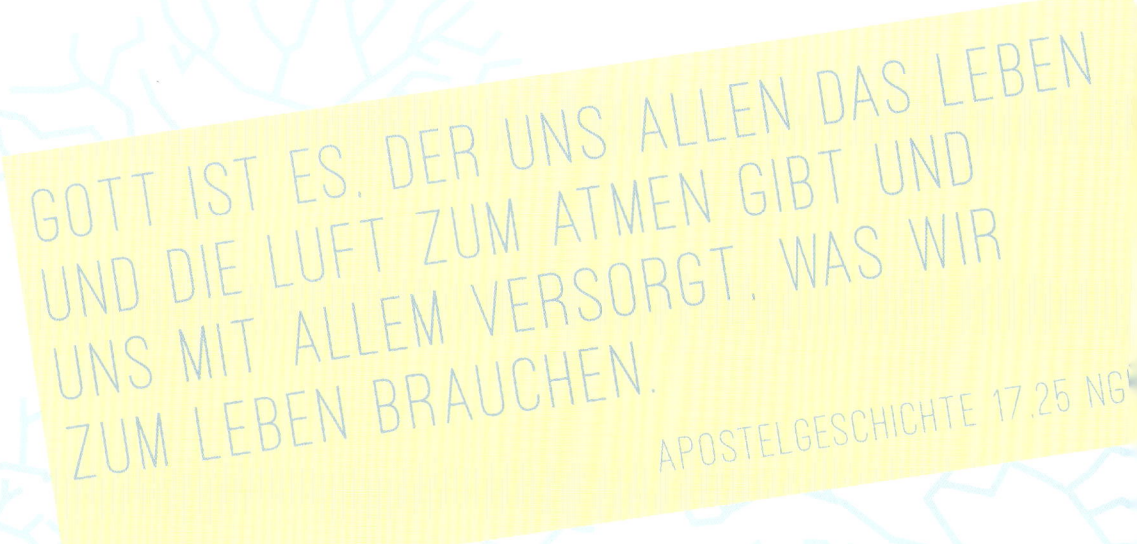

GOTT IST ES, DER UNS ALLEN DAS LEBEN UND DIE LUFT ZUM ATMEN GIBT UND UNS MIT ALLEM VERSORGT, WAS WIR ZUM LEBEN BRAUCHEN.

APOSTELGESCHICHTE 17,25 NGÜ

* Habt ihr noch andere Ideen, wie sich Atem sichtbar machen lässt? Haucht mal gegen einen Spiegel oder pustet einen Luftballon auf.

* Wie lässt sich Atem noch hörbar machen? Pustet mal in eine Trillerpfeife oder eine Flöte.

* Können sich Mama und Papa noch an den ersten Atemzug der Kinder erinnern? Wie war es nach eurer Geburt? Ihr könnt dazu auch eure Babyfotos gemeinsam anschauen.

* Schaut auf die Uhr und probiert aus: Wie viele Atemzüge macht ihr in einer Minute? Und wie viele pro Minute sind es, wenn ihr vorher gerannt seid?

WACHSEN

„Schon wieder neue Schuhe kaufen!" Haben deine Eltern darüber schon mal gestöhnt? Neue Schuhe kosten eine Menge Geld. Aber wenn du neue Schuhe brauchst, heißt das meistens, dass deine Füße gewachsen sind. Und dass wir wachsen, ist ganz schön cool.

Vielleicht hast du dir schon mal gewünscht, ein bisschen schneller zu wachsen? Leider kann man das gar nicht bewusst beeinflussen. Wann wir wie schnell wachsen, hat Gott von Anfang an in den einzelnen Zellen unseres Körpers gespeichert. Um zu wachsen, brauchen unsere Zellen Wasser und viele unterschiedliche Nährstoffe, zum Beispiel Eiweiß, Stärke, Vitamine oder Fette. Wenn sie genügend Nahrung haben, teilen sich die Zellen und bilden dadurch neue Zellen. Je schneller sich deine Zellen teilen, desto schneller wächst du.

Wenn wir erwachsen – also „ausgewachsen" – sind, werden wir nicht mehr größer. Trotzdem bleiben unsere Zellen aktiv: Pro Sekunde baut der menschliche Körper zwischen 10 und 50 Millionen Körperzellen ab und ersetzt sie durch neue. Deshalb haben wir alle paar Jahre quasi einen „neuen Körper" – zumindest einen aus neuen Zellen.

*
Wie groß seid ihr? Sucht einen Ort, an dem ihr alle eure Größe einzeichnen könnt, z. B. einen Türrahmen.

*
Wie groß waren Mama und Papa, als sie so alt waren wir ihr jetzt? Habt ihr Fotos von damals?

*
Sät in einem Blumentopf oder Beet Blumen oder Kräuter. Wenn ihr sie gießt, denkt daran, dass Gott auch euch alles schenkt, was ihr zum Wachsen braucht.

GOTT SPRACH: AUF DER ERDE SOLL GRAS WACHSEN UND SIE SOLL PFLANZEN HERVORBRINGEN. DIE SAMEN TRAGEN. UND BÄUME VOLLER UNTERSCHIEDLICHSTER FRÜCHTE.

1. MOSE 1.11 GNB

SCHLAFEN

„Jetzt wird aber geschlafen!" Haben deine Eltern diesen Satz auch schon mal abends zu dir gesagt? Du hättest gerne noch weitergespielt oder -gelesen, aber deine Eltern haben dich ins Bett geschickt? Ganz schön klug, dass deine Eltern dich nicht bis Mitternacht aufbleiben lassen. Denn tatsächlich brauchst du deinen Schlaf. Im Schlaf verarbeitet dein Gehirn Dinge, die du am Tag erlebt oder gelernt hast. So bist du am nächsten Morgen wieder fit und kannst dich in der Schule oder in der Kita gut konzentrieren und viele neue Dinge entdecken.

Als Vierjähriger können es schon 13 Stunden Schlaf täglich sein, die du brauchst. Aber auch eine Zwölfjährige braucht durchschnittlich noch zehn Stunden Schlaf. Und selbst für deine Eltern ist Schlaf wichtig. Erwachsene, die zu wenig schlafen und daher ständig übermüdet sind, sind viel öfter schlecht gelaunt als ausgeschlafene Menschen. Wie gut, dass wir uns manchmal ganz müde fühlen und unser Körper uns so daran erinnert, eine Mütze voll Schlaf zu nehmen.

Einen gibt es aber, der keinen Schlaf braucht. Das ist Gott. Er passt immer auf uns auf. 24 Stunden jeden Tag. Ein Leben lang.

*
Wie schlaft ihr am liebsten: mit oder ohne Kopfkissen? Auf dem Rücken oder der Seite? Schlaft ihr gerne oder eher nicht so?

*
Zeichnet einen großen Kreis und unterteilt ihn in 24 Teile für die 24 Stunden. Wie viele Stunden schläft jeder aus eurer Familie? Zeichnet es mit verschiedenen Farben ein. Fühlt ihr euch morgens ausgeschlafen oder solltet ihr etwas mehr schlafen?

*
Vielleicht wollt ihr mal woanders als sonst schlafen? In einer Höhle im Wohnzimmer? Auf einer Matratze auf dem Balkon oder im Zelt im Garten? Oder ihr tauscht mal für eine Nacht eure Betten.

DER HERR WIRD NICHT ZULASSEN, DASS DU FÄLLST; ER, DEIN BESCHÜTZER, SCHLÄFT NICHT.

PSALM 121.3

SCHMERZ EMPFINDEN

Au! Das war aber heiß! Sofort ziehst du automatisch die Hand von der Herdplatte, noch bevor du überhaupt verstehst, was passiert ist. Deine Nervenzellen haben blitzschnell das Signal gegeben, die Hand zurückzuziehen.

Zwar ist ein Schmerz erst mal ganz schön unangenehm, aber eigentlich schützt er uns. In manchen Ländern der Erde gibt es eine Krankheit namens Lepra. Wenn man daran erkrankt, sterben die Nervenzellen ab. Deshalb spürt man keine Schmerzen mehr. Das klingt zwar gut, ist aber in Wirklichkeit sehr gefährlich: Stell dir vor, du würdest keinen Schmerz spüren, wenn du auf eine heiße Herdplatte fasst. Dann hättest du am Ende eine schlimme Brandwunde, die sich vielleicht sogar entzünden und dir eine Menge Probleme machen würde.

Schmerzen warnen uns also vor Verletzungen. Wir haben noch einen ähnlichen Mechanismus, der uns vor Fehlern warnt: unser Gewissen. Wenn wir zum Beispiel jemandem etwas wegnehmen oder jemanden anlügen, bekommen wir ein „schlechtes Gewissen". Dieses Gefühl zeigt uns, dass etwas nicht in Ordnung ist und wir uns darum kümmern sollten. Aber so ein schlechtes Gewissen ist unangenehm – zum Glück vergibt uns Gott unsere Fehler, wenn wir ihn darum bitten. Und er hilft uns auch, die Sache wieder in Ordnung zu bringen.

INTERAKTIV

Fallen euch weitere Warnsysteme in eurem Körper ein?

Manchmal funktioniert auch unser Gewissen nicht gut, so ähnlich wie kranke Nervenzellen. Wie können wir es bei seiner Arbeit unterstützen?

Ein Spiel: Legt eure Handflächen aneinander und haltet eure Fingerspitzen an die Fingerspitzen eures Gegners. Schlagt abwechselnd mit einer Hand die Hand des anderen ab. Er versucht natürlich den Schmerz zu vermeiden und auszuweichen. Wer danebenschlägt, ist noch mal dran. Wer wird euer Champion?

BEWAHRE DIR EIN REINES GEWISSEN.

1. TIMOTHEUS 1.19A

HEILEN

Stell dir vor, du bist hingefallen und hast dir das Knie aufgeschlagen. Es blutet etwas, aber das ist kein Problem: Unser Körper gibt alles, um den Schaden so schnell wie möglich zu reparieren. Das Blut ist dabei ein richtiges Wundermittel: Zuerst spült es den Schmutz aus. Dann gerinnt es – das heißt, es wird zu einer Kruste und verschließt die Wunde. So kann der Körper in Ruhe eingedrungene Bakterien unschädlich machen. Nach drei Tagen beginnt sich die Wunde mit neuem Gewebe zu füllen, bis schließlich alles aussieht wie vorher. Nur bei tiefen Wunden bildet sich eine Narbe.

Auch gegen Krankheitserreger kann sich unser Körper großartig wehren: Er schickt Antikörper, die wie kleine Polizisten die Eindringlinge bekämpfen. Manchmal erhöht unser Körper sogar seine Temperatur, um diesen Kampf zu unterstützen. Dann bekommen wir Fieber, werden aber nach kurzer Zeit wieder gesund.

Wir können den Körper bei der Heilung unterstützen, indem wir Wunden säubern und desinfizieren oder Medikamente nehmen und uns ausruhen. Aber insgesamt hat Gott alles so eingerichtet, dass der Körper sich wunderbar selbst heilen kann. Er freut sich auch, wenn wir ihn bitten, uns gesund zu machen. Viele Menschen haben schon erlebt, dass Gott sie geheilt hat, obwohl Ärzte nicht mehr weiter wussten.

Manchmal gibt es Krankheiten, von denen jemand nicht mehr gesund wird, und irgendwann müssen wir alle sterben. Aber das ist zum Glück nicht das Ende. Gott möchte, dass wir in Ewigkeit ohne Krankheit leben.

*
Habt ihr Narben? Vielleicht an den Ellenbogen oder Knien? Zeigt sie einander und erzählt euch die Geschichten dazu.

*
Was war eure schlimmste Verletzung oder Krankheit? Wenn ihr wollt, könnt ihr Gott danken, dass er euch gesund gemacht hat.

*
Oft wird man schneller gesund, wenn man sich über etwas freut. Kennt ihr jemanden, der gerade krank ist? Vielleicht wollt ihr sie oder ihn besuchen, eine Karte schreiben, etwas Leckeres backen oder für die Person beten?

ICH BIN DER HERR, DER EUCH HEILT!
2. MOSE 15.26B

TRÄUMEN

Bestimmt kennt ihr die Weihnachtsgeschichte der Bibel. Als Maria und Josef nach Bethlehem mussten, Jesus in einem Stall geboren wurde und Hirten und Sterndeuter kamen, um ihn anzubeten. Doch bevor Josef und Maria sich auf den Weg nach Bethlehem machten, war sich Josef gar nicht mehr so sicher, ob er Maria wirklich heiraten wollte. In einem Traum hat Gott Josef dann ermutigt, Maria auf jeden Fall zur Frau zu nehmen. Als Josef aufwachte, hat er das dann auch getan. Interessanterweise kennt die Bibel noch einige solcher Traumgeschichten. Menschen, zu denen Gott im Traum gesprochen hat.

Kannst du dich an einen deiner letzten Träume erinnern? Nein? Macht nichts. Die meisten Menschen wissen nach dem Erwachen nicht mehr, ob und was sie geträumt haben. Geträumt wird trotzdem jede Nacht. Aber nur wenn wir während des Träumens aufgeweckt werden oder morgens kurz nach einem Traum wach werden, können wir uns noch ziemlich genau an den Traum erinnern.

Hast du schon einmal geträumt, dein Wecker klingelt und du kannst ihn einfach nicht ausschalten? Oder du musst dringend aufs Klo und findest keines? Dann hast du wahrscheinlich Dinge, die du tatsächlich gerade gehört oder gespürt hast, in deinen Traum mit eingebaut. Also der Wecker hat echt geklingelt und du hättest tatsächlich mal eine Toilette aufsuchen sollen, bevor das Bett nass wurde. Forscher wissen heute immer noch nicht genau, warum wir eigentlich träumen. Für Gott kann der Traum manchmal aber eine Möglichkeit sein, Menschen etwas Wichtiges mitzuteilen.

INTERAKTIV

*

Erzählt euch von euren Träumen, an die ihr euch erinnern könnt. Wenn ihr wollt, malt ein Bild von einem verrückten oder schönen Traum, den ihr hattet.

*

Fragt mal eure Eltern oder Großeltern, ob sie auch schon einmal erlebt haben, dass Gott im Traum zu ihnen gesprochen hat. Bestimmt erzählen sie euch dann davon.

*

Findet gemeinsam heraus, welche Menschen was in der Bibel geträumt haben. Nehmt dafür eine Konkordanz oder das Internet (z.B. www.bibleserver.com) zu Hilfe. In manchen Bibeln findet ihr auf den letzten Seiten auch ein Stichwortverzeichnis.

NOCH WÄHREND ER DARÜBER NACHDACHTE, ERSCHIEN IHM IM TRAUM EIN ENGEL DES HERRN.

MATTHÄUS 1,20A

LEBEN

Hast du schon mal deinen Herzschlag gespürt? Du brauchst dazu nur deine Hand fest auf deine linke Brust zu pressen. Spürst du den Rhythmus? Bumm, bumm – bumm, bumm. Als du noch bei deiner Mama im Bauch warst, hat sie deinen Herzschlag mitbekommen. Nicht direkt, denn sie konnte dir ja noch nicht die Hand auf die Brust legen. Aber der Arzt hatte ein Gerät, mit dem man deinen Herzschlag hören konnte. Ganz laut bumm, bumm – bumm, bumm hat das gemacht, obwohl du noch gar nicht auf der Welt warst. An deinem Herzschlag hat sie gemerkt, dass du am Leben bist. Unser Herz arbeitet unser ganzes Leben lang. Ohne Pause. Immer im gleichen Rhythmus. Wenn du rennst oder kletterst, ist dein Herzschlag ein bisschen schneller. Beim Schlafen wird er ein bisschen langsamer. Weißt du, warum unser Herz schlägt? In unserem ganzen Körper fließt Blut durch Blutbahnen. Unser Herz pumpt das Blut durch diese Bahnen. Und dieses Pumpen spüren wir als Herzschlag.

Leg doch mal dein Ohr an die linke Brusthälfte von Papa, Mama oder deinen Geschwistern. Jetzt hörst du ihren Herzschlag. Ist er schneller oder langsamer als deiner? Auf jeden Fall ist es immer der gleiche Rhythmus. Bumm, bumm – bumm, bumm.

Weißt du, wer euch allen das Leben geschenkt hat und euer Herz schlagen lässt? Das war Gott. Und er hat euch alle so lieb, dass er für immer, bis in alle Ewigkeit, mit euch zusammen sein möchte.

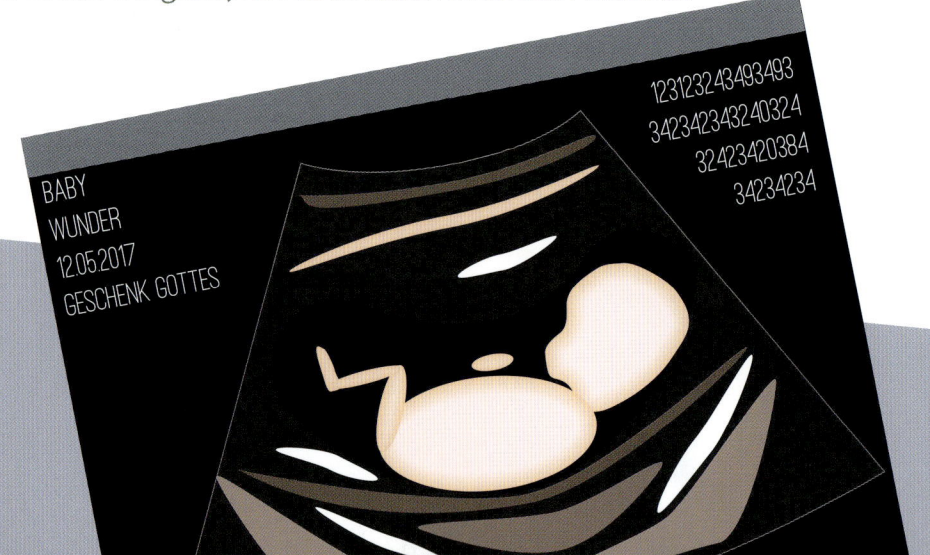

BABY
WUNDER
12.05.2017
GESCHENK GOTTES

123123243493493
342342343240324
32423420384
34234234

122

Salzteig

2 Tassen Mehl
1 Tasse Salz
1 Tasse Wasser
1 Teelöffel Öl
1 Schüssel

Zum Färben eignet sich Lebensmittelfarbe oder nach dem Backen mit Wassermalfarbe bemalen.
Vor dem Backen muss der Teig am besten einen ganzen Tag trocknen. Danach ca. zwei Stunden bei 100 Grad backen.

INTERAKTIV

* Nimm einen Kugelschreiber. Geh zu jemandem hin, den du magst, und male ein kleines Herz auf den Handrücken. Sage dazu: „Schön, dass es dich gibt!"

* Stellt einen Salzteig her oder kauft euch lufttrocknende Modelliermasse. Mit Ausstechformen könnt ihr kleine Herzen herstellen als Erinnerung daran, dass Gott uns bis in alle Ewigkeit liebt.

* Wenn ihr wollt, sagt Gott ganz laut „Danke!" dafür, dass er euch das Leben geschenkt hat und euer Herz schlagen lässt. Eins, zwei, drei: Daaanke!

> DENN GOTT HAT DIE MENSCHEN SO SEHR GELIEBT, DASS ER SEINEN EINZIGEN SOHN FÜR SIE HERGAB. JEDER, DER AN IHN GLAUBT, WIRD NICHT ZUGRUNDE GEHEN, SONDERN DAS EWIGE LEBEN HABEN.
>
> JOHANNES 3,16

BIBELSTELLENVERZEICHNIS

Altes Testament

BIBELSTELLENVERZEICHNIS

Neues Testament

IMPRESSUM

MIX
Papier aus verantwor-
tungsvollen Quellen
FSC® C014138

Wenn nicht anders vermerkt, sind die Bibelverse folgender Übersetzung entnommen: Hoffnung für alle®, Copyright © 1983, 1996, 2002 by Biblica Inc.®. Verwendet mit freundlicher Genehmigung von 'fontis – Brunnen Basel. Alle weiteren Rechte weltweit vorbehalten. Andere Übersetzungen sind mit folgenden Kürzeln gekennzeichnet:
GNB = Gute Nachricht Bibel, revidierte Fassung, durchgesehene Ausgabe © 2000 Deutsche Bibelgesellschaft, Stuttgart.
LUT = Lutherbibel, revidierter Text 1984, durchgesehene Ausgabe © 1999 Deutsche Bibelgesellschaft, Stuttgart.
NLB = Neues Leben. Die Bibel © 2002 und 2006 SCM-Verlag GmbH & Co. KG, Witten.
NGÜ = Bibeltext der Neuen Genfer Übersetzung – Neues Testament und Psalmen Copyright © 2011 Genfer Bibelgesellschaft. Wiedergegeben mit freundlicher Genehmigung. Alle Rechte vorbehalten.

Bibliografische Information der Deutschen Nationalbibliothek:
Die Deutsche Nationalbibliothek verzeichnet diese Publikation in der Deutschen Nationalbibliografie; detaillierte bibliografische Daten sind im Internet über http://dnb.d-nb.de abrufbar.

© 2017 Neukirchener Verlagsgesellschaft mbH, Neukirchen-Vluyn
Alle Rechte vorbehalten
Gesamtgestaltung: Karin Dyck, Burgdorf
unter Verwendung eines Bildes: Cover, Geometrische Design Hintergrund designed by Kjpargeter-Freepik.com
Lektorat: Anja Schäfer, Hamburg
Verwendete Schriften: Source Sans Pro, Ostrich Sans, Kaushan Script, ABeeZee, Alex Brush
Gesamtherstellung: Finidr, s.r.o.
Printed in Czech Republic
ISBN 978-3-7615-6436-3

www.neukirchener-verlage.de